養出
有力量的孩子

life

生命・生活・生涯

精神・活力・新生

發現生命的價值　肯定生命的可貴

國家圖書館出版品預行編目資料

養出有力量的孩子／王理書著.——二版三刷.——臺北市：三民，2022
面；　公分.——（LIFE系列）

ISBN 978-957-14-6406-0（平裝）
1. 親職教育 2. 親子溝通 3. 親子關係

528.2　　107005455

Life

養出有力量的孩子

作　者｜王理書
發行人｜劉振強
出版者｜三民書局股份有限公司
地　址｜臺北市復興北路386號(復北門市)
臺北市重慶南路一段61號(重南門市)
電　話｜(02)25006600
網　址｜三民網路書店 https://www.sanmin.com.tw

出版日期｜初版一刷 2008 年 1 月
修訂初版五刷 2015 年 7 月
二版一刷 2018 年 5 月
二版三刷 2022 年 10 月
書籍編號｜S520030
ISBN｜978-957-14-6406-0

三民書局

父母之心・真實之路

親愛的心靈，
請妳在我寫作時守護我，
讓我真實地進入每一個片刻，
讓我真實地跟隨感動之流，
真心寫出我想分享的文字。

理　書

二〇一八、五月

叢書出版緣起

現代人處在緊張、繁忙的生活步調中，在承受過度心理壓力而不自知的情況下，逐漸形成生理與心理疾病，例如憂鬱、躁鬱、失眠等，這種種的問題，不僅呈現在個人的身心層面，更可能演變成為家庭破碎的悲劇，甚至耗費莫大的社會成本。我們從近年來發生的自殺、家暴、卡債族、失業問題等種種新聞中，不難發現問題的嚴重性，這些可能正發生在你我身邊的真實生命故事，也讓許多人不禁發出「我們的社會究竟怎麼了」的喟嘆！

面對著一個個受苦而無助的靈魂，我們能夠為他們做些什麼？而身為對社會具有責任的文化出版者，我們又能為社會做些什麼？這一連串的觀察與思考，促使我們更深刻地反省，並澄清我們的意念，釐清我們想帶給社會一些什麼樣的東西，讓臺灣的社會，朝向一個更美好、更有希望，及更理想的未來。以此為基礎，我們企畫了【LIFE】系列叢書，邀集在心理學、醫學、輔導、教育、社工等各領域中學有專精的專家學者，共同為社會盡一分心力，提供社會大眾以更嶄新的眼光、更深層的思考，重新認識自己並關懷他人，進而發現生命的價值，肯定生命的可貴。

要解決問題，必須先面對問題、瞭解問題，更要能超越問題。從這個角度出發，【LIFE】系列叢書透過「預防性」與「治療性」兩種角度，對現代人所遭遇的心理與現實困境，提出最專業的協助，給予最真心的支持。跳脫一般市面上的心理勵志書籍、或一般讀物所宣稱「神奇」、「速成」的效用，本叢書重視知識的可信度與嚴謹性，並強調文字的易讀性與親切感，除了使讀者獲得正確的知識，更期待能轉化知識為正向、積極的生活行動力。

值得一提的是，參與寫作的每位學者，不僅在學界與實務界學有專精，最令人感動的是，在邀稿過程中，他們與三民同樣抱持著對人類社會的理想與熱情，不計較稿酬的多少，願對人們的身心安頓進行關照，共同發心為臺灣社會來打拼。我們深切地期望三民【LIFE】系列叢書，能成為現代人的心靈良伴，讓我們透過閱讀，擁有更健康、更美好的人生。

三民書局編輯部　謹識

推薦序1

根深於地，光通透天，情濃滿人間

趙文滔

認識理書超過二十年，我看著她從女孩，到女人，到人妻，到人母。不變的是，無論在生命的哪個階段，理書總能用她慧黠的眼睛洞察世界，用她溫婉的語言打動人心。有她在的地方，空氣裡會充滿溫柔，周圍的人也會不知不覺跟著輕柔起來。

她盡可以當一個優雅的心理學專業講師、受歡迎的親職團體帶領者、網紅部落客。不過她心中有一份對世界的深情，讓她總是願意奉獻時間心力，撫平他人傷痛，提供滋養與療癒。

在二十多年的親職教育工作中，她逐漸整理出許多實用的方法，讓心力交瘁的家長重新看到希望。她的方法，有從心理學整理出來，有從十多年為人母的經驗提煉出來，還有從她自己的靈性實修中淬鍊出來的智慧與慈悲。這使得理書的親職教育，帶著一份獨特的質地，同時具備草根生命力與智慧。

但她不僅是一個親職教育專家。這些年來，透過一場場講座、團體、工作坊，她溫柔地陪伴許多家長，在父母修練的這條路上攜手同行。這些求助無門、瀕臨崩潰的父母獲益的，不僅是理書提供的巧妙教養方法，更是她的愛與慈悲，讓辛苦的父母學會接納自己，重新找回愛孩子的力量。

我看理書的書，裡面有專業、有人情、有慈悲、有智慧、有愛、有力量。像是一顆大樹，樹根札入土壤，與土地深深連結；樹枝伸向天際，從天而降的光透過枝葉灑向人間；樹下陣陣幽香，讓人神清氣爽，恢復元氣。

希望這本書，可以讓更多父母學會停下來，找回自己內在的平靜與力量，從孩子的各種挑戰中，看見珍貴的愛在親子間交流，而讓彼此都有所成長。

（本文作者為國立臺北教育大學心理與諮商學系教授、家庭治療師）

推薦序2

感動之流　雨浥輕塵

金樹人

收到書局寄來的書稿，才打開著，我就聞到了理書的味道。這些充滿生命的文字，是她低著頭用心祈禱來的。她祈求心靈的守護，以感動之流，分享開來，淙湧不絕，洑淌向遠方的親子心靈。當下，我彷彿能感受到她在祈求時的謙卑與虔誠。這就是理書。

理書與我的結緣，可以回溯到二十年前。二十多年前，我剛從美國學了心理諮商回來，在師大理學院開了輔導原理的課。那是教育學分的基本必修課程，物理系的學生中就有一位始終是亮著眼在上課，下課後還會來問問題。「王理書同學」那時的眼神，一樣的謙卑與虔誠。

十年前，我忽然接到她的來信，開心的告訴我，她從美國回來，也走進心理諮商這路子了。三年前，我偶然的進入了他們的工作平台，一個用敘事、隱喻、催眠、直覺來進行諮商與治療的支持性團體，成員都是經驗豐富的心理師、社工師或諮商師。這回，我成了學生，坐看雲起，大開眼界。

看著理書在團體裡靈動的說、談、演、析，她的靈魂好似裹覆著一顆真誠的心，能穿透，能感動，如雨浥輕塵。她跳進哪個現場，哪個現場就活了起來，不管是十個人的小團體，還是數百人的演講廳；不管是面對強制親職兇暴的男人，還是哭鬧不已的小太陽。於理書，都一樣，因為她捉得住中心。

中心，是力量的來源，也是力量的罩門。

「你知道嗎？」一個大男孩說。他的眼眶紅腫，一方面想盡量的壓制著，可又壓制不住：「我所要的不多，真的不多……我只期待有人能懂我，你知道嗎？……有人懂我……」最後那幾個字是一個字一個字哽咽出來的，好似哭了幾個小時。

「我要把學校炸掉！」一個小男孩說：「把整個臺北市炸掉！」諮商師停頓了一下問：「那……在什麼情況下，你才不會這樣做？」（停了半晌……）男孩回答：「這個世界只要有人能夠懂我，真的懂我。」

人與人之間的不懂，有那麼嚴重嗎？

不懂，不僅失去了親子連結，連帶的也失去了與這個世界的連結。如果在原生家庭的日常對話，每一次都像進入了一個陌生的外星球，那溫暖的世界就成了屍白的世界，靈魂像是斷了線的風箏，在天地之間了無依靠。

這樣活下去有什麼意思？

懂了，有那麼簡單嗎？就真的能夠活過來嗎？

是的，我相信，相信理書也相信。

但是人與人之間的懂，難，真的很難，尤其要進入中心，中心的核心。

路邊的花，塘中的蓮，常會讓我凝視半天。看什麼？中心。無論什麼花，奼紫嫣紅的重重花瓣，都指向一個中心；中心的深處，連結著土地，繫向大地的脈動，宇宙的力量。車輪的中心，鐘錶的中心，陀螺的中心，如如不動，卻能帶動一切，走向時空。人也有中心，也要回歸中心，那裡有力量的泉源。

中心是力量的來源，也是最容易斲傷之處。親子關係的互動，從不懂之處斷裂，從懂處彌合。人與人之間在核心處的連結，就是那麼重要。

理書指出，養出有力量的孩子，就必須讓孩子回歸中心，家長也要回歸中心，「回到當下，想辦法培養自己寧靜的力量」（見【自序】）。我和理書的想法一樣，人和人在中心的深處交會，滋養出的力量，這力量會浸潤十方。

這本書很有趣的地方，理書要讀者學習「占卜書」的閱讀方法。讓我來分享一下自己的「占卜」經驗。

開學時，我要求研究生寫下一百個生命當中重要的問題。在他們搜索枯腸時，我找個角落寫自己的。我所想到的一百個生命中重要的問題，其中最重要的，是如何讓我自己在與人、事、物、宇宙的關係中，找到共鳴，找到力量。

問題提出來了，可我自己沒有答案。隔兩天，在一個餐敘後餘興的場合，主人拿出了《前世今生》作者魏斯醫生（Brian L. Weiss）所編的《心靈療癒卡》（*Healing the Mind and Spirit Cards*），卡片正面有圖，後面有文字。他要每個人想一想最近感到困惑的事，然後閉著眼睛，像抽塔羅牌或撲克牌一樣的抽一張出來。我默想著前面這個重要問題，伸手抽了一張。指尖接觸到第一張牌，心中遲疑了一下，決定跳下一張。這張在手中「占卜」來的卡片，卡中的圖片是上方有隻張開的手，放開了車子、房子……。反面的文字卻讓我嚇了一跳。

就好像在回應我的提問，卡片的文字是：我必須放掉對一切的執著。在這個世界上，我們在一切的關係中學習。你走的時候，帶不走一切。（*I release my attachment to 'things'. In this world we learn through relationships, not things. You can't take your things with you when you leave.*）再翻過來，手在下面，我看到好像手在承接物件以外的虛空，那需要學習的關係。

在這類的經驗中，關鍵的部分在於探問前的起心動念。就像《牧羊少年奇幻之旅》一書中的經典名句：「當你真心渴望某樣東西時，整個宇宙都會聯合起來幫助你完成。」讀者們試著讓親職困境的索解，達到「渴望」的程度。然後，靜下心來，翻開這本書其中的一頁……。

分析心理學家榮格 (C. G. Jung) 曾以「智慧的信使」(Gnostic intermediary) 來表示一種關係：這信使能夠跨過一切鴻溝深入我們的心靈深處，將他深刻的體會傳達給我們。在關係中，我們可以是孩子的信使，孩子也可能是我們的信使。

願理書的感動之流，能帶給讀者們雨浥輕塵的感覺。

（本文作者為前澳門大學教育學院教授、前國立臺灣師範大學教育心理與輔導學系教授）

推薦序3

走過童年

郭煌宗

在兒童醫學中心熱鬧的門診區裡，一個明顯瘦小、皮膚黝黑的小女生，她明亮的黑眼珠子快速的在診間的燈號與媽媽的面龐上打轉著說：

「我什麼時候才可以看哪？」

「輪到我們的時候！」媽媽回答著。

「可是那是什麼時候？」

「就是護士阿姨叫的時候啊！」媽媽笑著說。

「可是護士阿姨什麼時候才會叫啊？」

「快了！」媽媽看了一眼小女生。

「媽媽，那我可以先喝這個嗎？」

「再等一下，看完醫生就可以喝了！」

小女生有些急躁地說：「喝一點，沒關係啦！」

媽媽笑著說：「小英等一下看喉嚨可以不哭嗎？如果不哭、也不吐那就可以先喝一點！」……

兩個瘦小的身影仍一起望著門診的燈號。

小英患有先天性心臟病並使用心臟節律器，她的媽媽則是一位罹患紅斑性狼瘡又被診斷為憂鬱症而正在接受治療的女士！

人自出生以來，可以主宰的說多也不多，說少也不少！

覺得主宰很少的人說：「我從出生以來跟著父母親，直到我嫁給他，乃至我生了兒子和女兒，這些都不是我要的！」

覺得滿足的人說：「先生總會在我疲倦時送上溫柔的手，孩子天真的眼神總是能灌注我一天的元氣！」

人可以主宰的是多還是少，自我的意志是能主張還是不能主張呢？

我雖然沒有標準答案，但是我確信此時此刻，因為理書老師在她新書的某個角落預留了我的空間，因此而有分享的機會！這一個角落代表一個信賴與機會，也代表了一份少少的主張與自主，我感謝這份信賴，也願善用這個空間。

這個序以「走過童年」為題是為了呼應《養出有力量的孩子》的書名。我們都理解親職工作的目標之一，就是教養出一個「獨立、自主、自信與愉快的個體」，「童年」是一個成長的歷程，它需要另一位或多位「有生活能力、自主與自信」的個體來陪伴引導。然而其實大多數人並沒有理想的童年與理想的帶領者，因此也許「童年」時間已過，但仍留下一些有待圓滿的成分！如果孩子此時來到了世上，「童年不完整」的個體卻要立即成為成熟的個體，去陪伴、協助另一個孩子的「童年」歷程，那真的是有一些風險啊！

理書老師的書是一本厚厚的武功祕笈，一次唸完可能有些困難，如果分次或隨性的翻閱、感受，應會更受用！她常說「菜市仔步」（閩南語：意為市集當中相當方便好用的作法）大家學學、用用、互相分享，受用無窮！理書老師是一位細膩敏感的女性，她有著多面向的涵養，相信大家能從本書得到許多深刻的獲益。

（本文作者為小兒神經專科醫師，現任中國醫藥大學附設醫院兒童發展與行為科主任、發展遲緩兒童早期療育協會創會理事長、財團法人微龍教育基金會董事長）

再版序

十年再版序，最想探索的是，書中兩個孩子長大後的樣子。書中記述了兒子四歲時想要買手錶的故事，巧合地，他最近有個買耳機的故事，我們來看他在關係中怎麼協商自己的物質需求？

十六歲，高一，熱愛 YouTube 音樂，迷上無伴奏合唱，喜歡的歌手包含 Home free 團、Peter Hollens、Mike Tompkins 等。不同於我是視覺型，聽覺是他主要的學習感元，好聲音可以引發整體的知覺好感，就連在學校聽課，老師講課的頻率質地、感情、口音或腔調，都會成為他的學習樂趣，情感連結，甚至記憶之索引。

一個月前，「媽媽，我想要一副入耳式的耳機，因為……」他邊說邊列出理由以及網路資訊，結尾時：「媽媽，還好，這是我的想要，不是需求，因為我已經有一副爸爸 iPhone 附的耳機，還有得用，可以慢慢來。」我說：「入耳式？就是那個泡泡矽膠耳塞，可以塞入耳洞很舒服的那種？我有一副，三年前在機場買的，紅色那組，當時買超過 1000 元呢！」他一臉驚喜：「哇！真的，媽媽，那妳可以借我聽嗎？」我：「你喜歡可以送你，因為我用耳機來蒐集資訊，沒有要享受音樂。」他很期待，謝了我幾次。

沒想到，不曉得把耳機塞哪兒的我，幾週了也沒時間去找出來。這孩子雖想要態度卻很鬆，他每天放學就來問我，然後，輕鬆放下，回去研究更多耳機資訊，又來跟我們討論。某天，我認真翻箱倒櫃後跟他道歉，說我可能沒把握找出來了。

幾天後，我在臺北，他發訊息給我：「媽媽，請求允許，今天下課後跟爸爸去看耳機。」我回：「沒問題。」「提醒你：選擇的依據是，符合你的本質需求，並且，百分百用自己的錢買還願意接受的預算。」幾小時後，我回文：「看你要自己出錢，或擱置一個月，當生日禮物。」他回了：「耶！生日禮物！」幾天後，我的書桌上多了一盒新耳機，紙條寫：「媽媽，幫我包裝成生日禮物，謝啦！」

幾天後，他問：「媽媽，妳要不要聽聽我去挑耳機的經驗？」他仔細說明他如何選歌然後去測試耳機，不同特色的歌在不同耳機中的表現都不一樣，然後，有些自得地說：「媽媽，我真的聽得出來每個耳機的特點都不同耶！」啊！原來我曾說過，好耳機是貴的，而且，要能分辨音質不同的耳朵，才值得擁有。當時還開了自己玩笑，說自己耳朵辨識力沒有很強，只需要普通耳機，就夠開心了。在他自得時，我說：「耳機的心願你完成了，希望你的下個心願是跟消費無關的，可能是自我挑戰，也可能是對世界的好影響。」

家裡兩個孩子的特色是，我們討論過的概念會成為他們的一部分。就像兒子記得應對物質慾望的重點：去辨別需要與想要，為自己的想要努力並負責，需要幫忙時就用請求的，需求滿足延宕能力很重要，好東西不是用來增添虛假的自我感，而是真心享受世界的美好，接著要問如何用來創造世界的美好。我們家一直擁有很多對話、辯證與思考，無論是自己的事情、學校帶回來的故事或電影小說與新聞，永遠有人性與社會知識在裡面，永遠有核心原則要掌握。

四歲時，在逛誠品時，他迷上一只藍色的 SWATCH 錶，一次次央求我帶他去看，問我能否買給他，最後我說：「如果你可以把爸爸的手錶，戴在手上超過一個小時，都沒有想要拿下來，媽媽就買給你。」初戴上的十分鐘，他歡天喜地，一個小時不到，他取下手錶，說自己不需要了，他說：「我只是感覺戴手錶可以像爸爸而已。」這則四歲的小故事，很像是他生命的隱喻——弱水三千，只取一瓢飲。

高一上結束時，同學簇擁他當班長。他站起來表明：「我只會當體育股長，而且上學期我做得不錯，如果給一個從來沒當過班長的我當班長可能會很慘，況且，下學期還有班際足球賽。」這聲明讓他得到全班的支持，繼續留任體育股長（國一到高一他當了六學期的體育股長，而小學六年的每個下課，風雨無阻地，他都帶領同學們去操場踢足球）。他想要的東西，不一定是多數人要的，而是適合自己的。上個月，他說：「媽媽，高二時我想爭取足球隊長，因為我想要把一些練球的紀律，帶給我們足球隊。」這讓我訝異，原以為他不愛承擔大責任，原來，他只是做其所當做而已。

女兒，也有類似的特質。她是個安靜而踏實的孩子，不退縮也不特別進取，卻在班上有奇妙的影響力。上個月，班上在討論畢業典禮謝師的奉茶儀式，需要徵選十六人願意在大禮堂上臺奉茶給老師，班導一個個問，沒人自願，一路問下來幾乎全班都拒絕了。問到她時，全班轉頭看她，她淡定地點頭答應，一時全班譁然；這時，前面那些拒絕的同學，忽然都願意了。這件事，就這樣輕鬆搞定。

當媽的我，經常從他們口中聽到這樣的不思議的妙事！事實上，在他們六歲以前我還是教導者，而在他們與世界互動以後，反而是他們的前進引導我怎麼當母親。他們帶回家的故事打開我的眼界，世界的格局超越了我原先的認識，還有無數的層次，是細微的、有光與希望的。

《養出有力量的孩子》是學心理學的我，將理論內化後的實踐，裡面有阿德勒 (Alfred Adler) 理念的父母效能訓練，以及吉利根博士 (Dr. Stephen Gilligan) 的自我關係療法。最主要的精神是：先與自我柔軟中心連結，而後向關係場域敞開，自然就能與孩子的潛意識連結，在其中理解孩子、找到共識或解決困難。雖然在書中示範了積極傾聽、鼓舞、正向等技巧，而我得再強調，這種神入彼此潛意識的關係聯繫，才是讓技巧有效的關鍵。

出書十年後再細讀《養出有力量的孩子》，覺得這書真是經典又雋永。到底，這本書養出來的孩子，具有什麼力量？我會說，那是掌握了回歸中心力量的孩子，他們穩穩地與自己同在，知悉並能陪伴自己的每個內在起伏或衝突；那是自然向環境敞開對人有同理心的孩子，他們因為曾被足夠的聆聽與尊重，因而，不會被世俗的偏見絆腳，而用真誠與人相遇；因為由內而外的和平與精神自足，即使環境顛簸坎坷，也能自然找到出路，那是屬於他們獨特路徑。這【碰↓恰↓恰】步驟走出來的【回歸中心─與人連結─在連結中以直覺行動】核心精神，自然成為孩子的力量。

理書　二〇一八年五月

自序

我出生在臺灣中南部的小鎮，經濟環境稍嫌貧困，但父母都是充滿愛且有創意的人，如同大部分的父母，他們背負著經濟壓力，受到傳統觀念的侷限；生命在受苦與享樂中，以撫養五個孩子長大為生命職責而前進。

我是老大，在母親辛苦操勞時靜默陪伴，在她抱怨訴苦時聆聽她，在她漂亮打扮時欣賞她；在父親歡樂時聽他說話，在他落寞時守護他身邊。這樣的我，若用心理學裡家族治療的眼光，可以被貼標籤為：〈代理父母〉或〈提早長大〉。而我多年在心理治療領域裡進出，浸泡在不同學派的各種觀點，我不會這樣詮釋自己的童年。我會這樣說：

身為長女的我，有一顆慈悲而敞開的心，我忠誠地守護我的家，守護父母，這樣的陪伴，讓我的童年除了與弟妹嬉鬧玩耍的歡樂之外，多了許多私密的心靈空間；這心靈空間，成就了我獨特的生命風格，讓我對人間的苦與愛，更敏感而願意敞開。因童年的這份奉獻，促成我與長輩的緣分特別好，一路成長走來，無論是學校、職場、心理修行的場域，我一直能與權力上位者，擁有一份相互關懷、相互敬重的好關係。後來成為助人者，我經常說：「這份助人者的修行，我從小就開始。」

我很平凡地長大，沒有擁有特殊的才華，沒有獲得特殊的榮耀，我順利輕鬆地通過學校每一關的考驗，成為一個高中物理教師。然而，即使我教書充實愉快，喜歡和學生相處，但心裡的聲音清楚地說：「不只這樣，這不是我最終停留的地方。」我的渴望一開始不明確，而方向卻始終如一：朝向一種更深層剔透的心靈溝通。

教書的第五年，藉由研習我參加「親職團體帶領人訓練」；這訓練延續了我大學時擔任會心團體帶領人的熱情，也點燃了一股莫名的嚮往：「我想成為親職團體帶領人」。當時我已經準備離職赴美念書，而心理諮商正是我想走的路。那已經是一九九二年的事了，一九九五年我正式從事專職的諮商工作，從青少年與父母團體開始，進入親職教育的道路。

當年帶領父母團體，主課程結構沿襲美國在八〇年代流行的PET（父母效能訓練），或STEP（系統化父母效能訓練）的溝通訓練模式，強調父母扮演聆聽孩子，表達感受，並擔任衝突協調員的角色；父母提供鼓勵，教導孩子用正確的行為來滿足內在需求，並教導父母在家舉行家庭會議。我將創意帶入課程，並以生動的角色扮演作為溝通能力訓練的核心，在團體中，我與參與的父母們都能享受其中，互相支持，並成功地在角色扮演中擔任一位有良好聆聽的父母。而有意思的是，由於我和部分成員們保持的聯繫關係，才有機會發現，這些課堂上的「成功」未必能真的在家裡使用。專注無條件的積極聆聽，在碰到孩子偏差行為或難以溝通時，父母就困住了。他們常問的是：「為什麼回到家之後，就無法聆聽了呢？」

這些成員們在家庭教育實際上的困境，推動著我繼續學習思考，並一次次針對他們的需求，調整課程的設計。我開始將自己在心理治療領域的各種學習，以及心靈視野帶入親職教育中，並在一九九七年從臺中開始強制親職輔導的工作，一九九九年開始與鄭再傳紀念基金會合作，每年固定在社區開放二十週的親職團體，以及後續的年度親職講座。

二〇〇二年兒子出生，成為母親的經驗與每年演講的機會促成真正的整合，將母職—心理治療—親職工作，三個領域協調地編織在一起。二〇〇四年我將自己的親子日誌貼到網路，有了自己的部落格。這些親子互動學習的細膩歷程，吸引了對教育有熱忱，以及嚮往成長的朋友們捧場，網站上的真心分享以及熱情呼應，成了這本書出版的主要動力。

二〇〇六年女兒出生，我發覺自己這十多年的親職教育之路已趨近成熟，我一路找尋溝通模式背後的背後，配合這幾年在心理治療領域的學習心得，發展出〈父母之心・真實之路〉的取向。

一路尋找的腳步類似這樣的自問自答：

何以父母無法使用〈積極聆聽〉與〈我訊息〉呢？

因為比起接收孩子心聲，父母認為影響孩子更重要。

因為比起敞開心聲，父母更想表達觀念，教育孩子。

然而，〈積極聆聽〉與〈我訊息〉的背後是什麼呢？

〈積極聆聽〉意味著：父母原原本本地收到孩子的心聲。

〈我訊息〉意味著：父母不只是所扮演的角色，還是個真實有感受的人。

何以〈原原本本接納與真真實實敞開〉如此困難？

何以〈影響孩子〉的需求經常超過〈欣賞孩子現狀〉的存在？

為了回答自己的提問，我來說個故事。

我有份親職輔導工作，由政府付費，與那些社會局指定有虐孩行為的父母見面。大部分我的工作對象是父母，有時也會見見他們的孩子。

那是一個小三的女生，我們暫且稱呼她瑤瑤。瑤瑤第一次來見我時，臉部表情很僵硬，手不停地互抓手指。我凝視她一下下，感受到她的心情，我的心柔軟起來，問她說：「妳是不是很緊張？」她點點頭，手不由自主地鬆開來微微顫抖。我伸出自己的雙手，手掌攤開在她面前：「妳要不要把手放到我的手上？會比較不害怕喔！」瑤瑤將手放上來，我輕握著並輕聲說：「沒關係，慢慢來，不說話也沒關係。」瑤瑤掉下眼淚，點點頭。我們的談話關係，就此建立。

這是我與瑤瑤的第一次見面。在她父母的口中，瑤瑤是個難搞、脾氣可怕的女兒，會讓母親生氣到病發的壞小孩。在我眼中，我看到的是由恐懼主導行為的高能量小孩。

後來，有機會，我同時與瑤瑤和她的父母碰面。那天，在我與父母先談話之後，邀請瑤瑤進來。暫時被寄養的瑤瑤看見親生父母有些靦覥，她僵硬的表情再次出現，手指開始不安地攪動。這時瑤瑤的母親管教她：「坐好，把手放在兩邊，要有禮貌。」我看見瑤瑤聽話地將手放置兩側，卻因為緊張的能量無處表達(在我的詮釋裡，瑤瑤的手指不雅的動作，在平衡與表達她內在的焦慮)，瑤瑤的眼神更恍惚了。

在上面這故事裡，瑤瑤的母親表現出「認真管教」的行為，而這管教無法抒解瑤瑤的壓力，反而增加瑤瑤的「退縮」；瑤瑤的焦慮能量無法疏導，為了扮演聽話的女兒，真實的她退縮到更裡面。

而我，用一種接納她此刻就是這樣子的方式等待她：「一雙溫暖的手，以及對現況的接納與寬容」，這讓瑤瑤也接納了自己的現況，她焦慮的能量因被接納而流動，瑤瑤專注下來，敞開她的心，更能與我接近。

回頭寫這一段，知道由於自己與瑤瑤之間關係的純淨，所以給得出這般的支持，也才有機會碰觸到瑤瑤的心，因此能以輔導者的角色，來協助她。而瑤瑤的母親比我沉重多了，她與瑤瑤間，有無數的挫敗記憶以及對孩子未來的焦慮。所以她對瑤瑤的行為難以有一接納的安靜度，無法放鬆地支持瑤瑤成長。

父母，〈揹負責任，帶著生存焦慮〉進入管教位置，所以面對孩子行為出狀況時，管教的急切讓他們難以〈原原本本接納〉與〈真真實實存在〉；因此，風行美國的父母效能訓練，對大多數具有傳統理念的父母，有實施上的困難。

因此，我後來發展出的親職風格，不以要求父母表現出「正確」的溝通訓練為主，而以支持父母回到自己的心，回到當下，想辦法培養自己寧靜的力量，以便在孩子偏差行為時擁有可以支持的內在空間。

這親職風格的核心基礎是：〈無論如何，接納與深愛自己的當下〉於是才能〈聆聽與接納孩子的當下〉，因而可以擁有一〈吸收與敞開的溝通關係〉，於是〈父母可以在關鍵時刻對孩子產生正向影響力〉。

這核心的精神，來自吉利根博士 (Stephen Gilligan)，他是我跟隨的治療師，同時也是《愛與生存的勇氣》(*The Courage to Love*) 之作者。他跟隨艾瑞克森 (Milton Erikson) 學催眠，修行合氣道，整合容格 (C. G. Jung) 與藏傳佛教的部分理念到心理治療中，吉利根博士強調，「愛是一種紀律，愛是一個技巧」，「愛是無論在什麼時刻堅定地回歸中心，敞開心去承受接納生命所有的面向」，吉利根博士強調，「我們受的傷的背後有一個遺失了的重大天賦，它一直在等候可以回歸自我的時刻；生命的困難，是一種召喚，召喚我們的英雄之旅，啟程，找回我們遺失的天賦。」

因此，治療工作的精神，在為案主守護一個場域，一個允許生命各個面向在此無分別地呈現的場域。在這場域裡，協助案主整合自身的不同面向的能量，找回他的天賦。

愛是讓生命之流重新回歸我們內在的勇氣，愛是朝朝暮暮需要鍛鍊的技巧，猶如練功一樣，時時刻刻練習【回歸中心】，無論何時都溫柔堅定與充滿創造力。

我跟隨吉利根博士的工作坊，共六回合了，我將他的理念應用在親職工作，運用在我自身成為母親的道路。這本書與你分享，整合後的親職理念，以及日常生活裡真實的親職故事。

我們家的親職故事是現在進行式，若你讀完這本書，還有興趣了解，這些親職概念在我們家，在孩子們繼續長大歷程中，還會發生些什麼故事，請來我的部落格，你會有滿意的答案。

理書　二〇〇八年一月

翻開書之前的約定……

我頭頂著被期許的專家光環，手拎著親職教育實務經驗的行囊，肩背負多年閱讀累積的知識包裹；說要為一般大眾寫本親職書，一向熟擅書寫的我，竟不知從何下手。

十多年，親職教育工作超過三千個小時，電腦裡的親職講義至少也有三十萬字。這些像磚塊般，具體且能唬人的成就，都不是我真心想寫的。我真心想分享的是，日日發生在生活之中、感動我心靈的真實故事，我與孩子的故事，親職教育工作場域的故事。

這些如流水般的生命大部分已寫出來，放在我的部落格裡，在網路世界裡，感動自己也觸動他人。這些具有感染影響力的流水文字，是否能轉化為知識，變成一本書？我的專業知識，如何能不沉重絆住我，反成為磚塊，鋪路帶領讀者前進呢？

私密主觀的個人經驗，是否能成為大眾知識？我不在學術上尋找立論根基，只能從與讀者如你心靈互動的想像中，一步步落實前進。我的書寫不是要你來模仿學習，而是要你被感動，於是不由得停下腳步來觀看自身，逐漸地感受到自己的光華，對親職的對待，重新思索並有新的領悟。若你能有新的視野與行動，若你的家庭能有不同的氛圍與感動，那麼，我的心靈實驗對你就算成功了。若閱讀者如你，無法感動，也沒有停下來思索自己的生命，那麼，容我邀請你，將這本書當成故事來閱讀，忘了所有親職實務的企圖，放輕鬆地，像旅行一樣，好奇別人家的生命樣貌。

以上的宣告，就當作我們倆小小的約定。邀請你，放下閱讀專業書籍尋找建議的期待，準備好敞開你的心，進入一座心靈花園散步。在花園裡參觀探訪時，若能觸動你打開生命，那我們就有了交流。

既然書已交到你手上，如何閱讀，如何詮釋，享受這閱讀的旅程，這權力完全屬於你。我在心裡恭敬頂禮，祝福你。

養出有力量的孩子

目次

【技巧篇】

5 支持時刻

【實務篇】

本書使用指南

知識的目的在於實用，尤其是這樣一本親職書。

如何從閱讀親職書到能實際運用在日常生活中呢？這牽涉到將抽象知識轉化成實踐能力的過程。在我多年學習各種助人實務的經驗中，將抽象知識轉化成實踐能力有如練武的過程，熟練它沒有別的祕訣，就是練。

練功的途徑有二：

1. 閱讀↓在腦袋裡想像練習↓約集伙伴用角色扮演的方式練習↓討論與澄清。

2. 在親職困境出現時↓翻書找到相關可用的觀念或技巧↓用用看↓約集伙伴討論，何以有效？何以無效？或者，繼續翻書，思考何以有效？何以無效？

這兩個途徑，其中共通的循環是：

這循環的主軸就是從閱讀到操作，得到回饋後再回到閱讀。

可以直接在親職現場試用，也可以藉由讀書會的角色扮演做練習。

沒有實踐過的知識，無法變成實用知識。而要真正吸收一系統的知識，透過實踐來檢選消化吸收並排除，就是最紮實的步驟。

有鑑於此，本書設計成「占卜書」的結構，每篇都用短篇獨立成章。

因此，可以在遇到親職困境時，作一個深呼吸，專心將手放在書本上，用左手（左手與直覺能量的吸收有關）翻任何書頁，擷取親職實務的靈感。

有時候，你會翻到一則親職觀念，你可以就此觀念與自己遇到的情境作串連並思考有何可以更動之處。有時候，你會翻到一個實際的技巧，可能是溝通技巧、親密技巧或支持技巧，這時候，你可以就書本上的原則或溝通實例，將之轉移到自家的情境上。有時候，你會翻到一則親職故事，就當作那則故事，裡頭有些與你的親職情境相關，你可以冥想那則故事，看看針對自家的情境有何聯想。

這過程有時候你會很清楚，翻出來的資訊與你自己的情境有何關連。有時候你也許無法將二者連結在一起，那麼，你可以翻第二次，或就把書合起來，回歸中心後，循自己的直覺而走。

若能找幾位志同道合的朋友，組成讀書會，就可以把這些實用過程在讀書會時討論，三人行必有我師，會有更多的領悟。

若真心想組成讀書會，我建議讀書會的程序如下：

1. 等待時，練習作【回歸中心】的練習。
2. 一開始，先分享：「最近，關於自己，我能愛更多的部分是哪一個時候？」
3. 接著，分享最近使用這本書的實際心得。
4. 接下來，是困難討論時間，可以各自提出最近遇到的親職困境，練習在聚會中翻書，並在互相支持的條件下，學習作實務演練。
5. 最後，結束前，分享彼此的謝意：「今天，我要謝謝……，因為……。」

概念篇

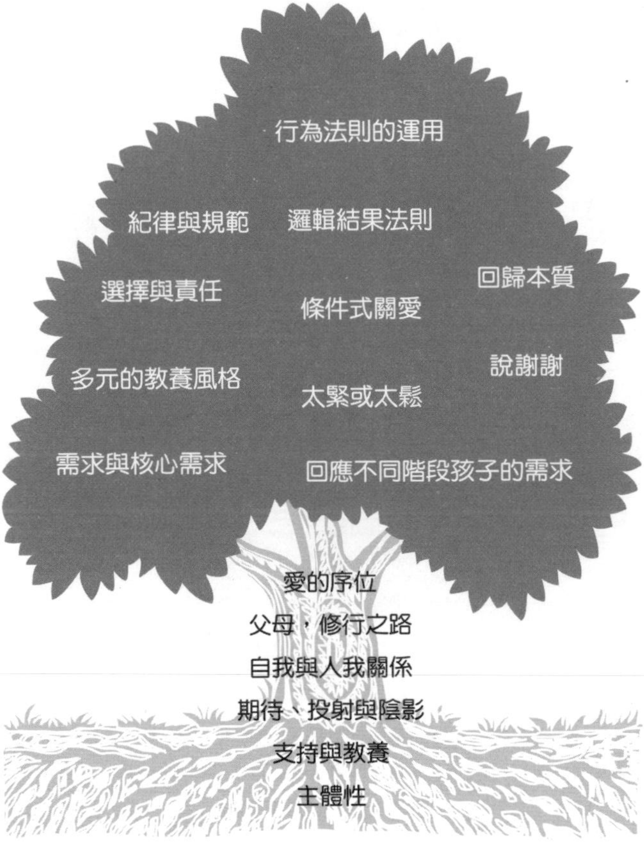
行為法則的運用
紀律與規範
邏輯結果法則
回歸本質
選擇與責任
條件式關愛
說謝謝
多元的教養風格
太緊或太鬆
需求與核心需求
回應不同階段孩子的需求
愛的序位
父母，修行之路
自我與人我關係
期待、投射與陰影
支持與教養
主體性

/ 親子概念・樹 /

愛的序位

現代有許多真心願意聆聽與尊重孩子的父母；然而，從孩子受虐事件逐年升高的數字來看，有些父母忽視孩子的基本需求，或施以語言上與肢體上的虐待；有些父母則過於順從孩子，孩子透過哭泣、生氣來控制父母的故事也時有耳聞。無論哪一端，都失了平衡，愛的序位失調，愛無法流動。

什麼是愛的序位？

愛的序位這概念，來自家族系統排列。家族系統排列是德國治療師海寧格 (Bert Hellinger) 的創見，這幾年在世界各地舉辦各種工作坊，運用排列的方式來尋找家庭間如何擁有平衡的序位，讓愛恢復流動❶。海寧格根據多年觀察而得的工作經驗，發現在親子間有一順暢的序位，那就是：

❶ 臺灣由海寧格臺灣機構負責，定期舉辦排列工作，或排列師訓練與督導的工作。

□父母先來，孩子後到。
□父母大，孩子小。
□父母給予，孩子接收。
□父母帶領，孩子跟隨。

海寧格經常在排列現場（非真實生活情境）上，要孩子對父母鞠躬，說：「親愛的爸爸媽媽，謝謝你們給予我生命，照顧我，撫養我長大。」這段話是詮釋〈父母大，孩子小〉這個概念的最佳佐證。生命的給予，撫養長大，這事情如同水由上游流到下游般的自然，無法逆轉。也因此，孩子要在心裡敬重父母，接收父母的給予，在這情形下，家庭序位中的愛最能流動。

這概念帶回親職生活，提醒我們什麼？

□父母照顧子女，給予子女關懷。

□父母教導孩子尊重父母，在家庭的事物上跟隨父母的決定。
□父母聆聽孩子，負責帶領親子協商，同時父母得切記自己的序位，不能放棄自身的權力。示範敬重自己的父母，並教導孩子敬重自己。
□父母承擔自己性格上的特色以及自身的困境，讓孩子明白，這與他們無關。

這些原則就是美好的倫常法則。在現代社會中，不容易用道德教誨的形式傳遞，而透過家族系統排列實務上的展現，帶給人們更清晰的領悟與感動。

父母，修行之路

你如何看待身為父母這件事情的意義？

除了傳宗接代，除了延續生命……，對個人而言，成為父母有什麼好處？

現代人越來越少有養兒防老的想法了。養小孩除了傳宗接代，除了孩子可愛活潑，能增添生活情趣之外，還可能帶來什麼？當孩子的需求讓我們疲憊不堪，當孩子讓我們傷腦筋，當孩子讓我們氣炸了的時候……，有什麼樣的觀點，能支持你在這個時刻，依然堅信自己選擇成為父母的意義呢？

以生命的角度來看，心靈的渴望與俗世的期待往往不一樣。

心靈最大的渴望就是活得完整，經驗生命的豐富面向。而俗世的期待可能只是平安順利，舒適快樂。養育孩子會帶領我們敞開學習，在支持孩子需求的同時，我們在擴展自己的能力，以及人的格局。要支持孩子成為一個有活力的孩子，每個父母都需要面對自身的侷限，擴展視野，去除限制性信念，讓自己活得更完整。所以，對我而言，父母之路也是修行之路。身為父母最大的靈性意義在於，在陪伴孩子成長的歷程裡，我們與生命更靠近，我們越來越完整而成熟。

所以，當你感到疲憊的時候，當你在親子關係或親職角色扮演遇到挫折的時候，不妨問問自己下列的問句，換個角度思考：

□若用修行的角度來看，這個挫折或困難，顯露出我性格中哪裡的侷限？

□若用修行的角度來看，面對親子困難而生的挫折和無力，是否源自於我對人生的限制性信念？

□若用修行的角度來看，我如何轉變，如何能更成熟，將影響我在親職角色上更勝任愉快。

□若用修行的角度來看，孩子呈現出我無法接納的特質，是否像是鏡子一樣，讓我也看見自己？看見對待自己的態度，或看見自己平日不願意承

認的自己？（參考【期待、投射與陰影】，頁14）

當我們用修行的角度，來觀看親子的困難時刻，會將受困的認知框架，轉換成學習的角度。而學習成長，視野的展開，人格的成熟完整，就是心靈感受到活得豐盛的最佳感受，雖異於平順無困難的俗世心願，卻更能感受到活的充沛與意義。

自我與人我關係

這裡陳述的是一個關鍵概念，它來自吉利根❶博士（Dr. Stephen Gilligan），這概念說明了，人際關係反映了內在的自我關係，也就是我們與外在人際互動的態度，肇因於內在的自我關係。舉例說明，父母在面對孩子的哭泣，能否以平常心對待，那得看父母自身內在與哭泣的關係如何？父母在面對青少年婚前性行為的態度如何，也關乎父母心裡與性的關係是連結完好抑或斷裂。我們把它畫成圖來表示，如下：

❶ 吉利根博士的著作，臺灣翻譯了《愛與生存的勇氣》（*The Courage to Love*），由生命潛能出版，及《生生不息催眠聖經：創造性流動的體驗之旅》（*Generative Trance: The Experience of Creative Flow*），由世茂出版。他是一位傑出的治療師，從二〇〇一年開始，每年都會到臺灣來開工作坊，與做督導工作。

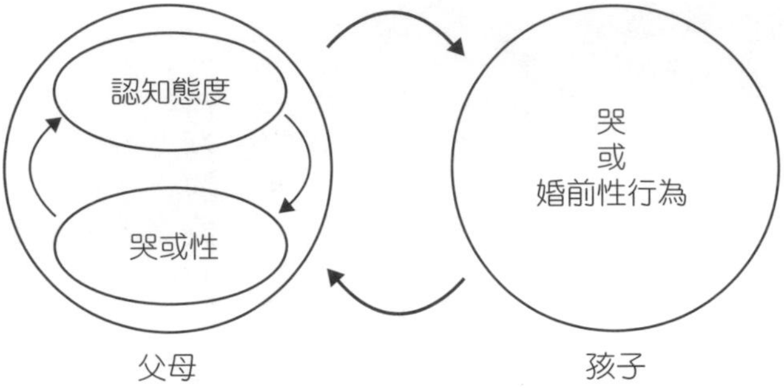

上圖的左方代表父母，裡面兩個小圈分別代表父母的意識認知，以及內在對哭或性的感受。若父母的內在與哭有很好的關係，則父母在面對孩子哭的時候，也會與哭泣的孩子有很好的關係，在孩子哭時，無論支持孩子或教養孩子，都有更大溫柔堅定的可能。但若父母的內在與哭的關係沒有好的連結，例如父母可能是在不被允許哭泣的教養環境下長大的，孩子的哭泣經常會引來父母的焦慮，父母急著讓孩子止住哭泣，有時不是出於孩子的需要，而是父母為了停止自身焦慮的需要。

也就是說，孩子的行為經常是個勾子，勾引出父母內在尚未整合的焦慮之處。當父母意識到孩子哭泣容易引發自己的焦慮時，父母得花時間好好覺察自己，然後再次決定，「面對哭泣，要用什麼態度」。若決定要寬鬆地看待哭泣，給予孩子溫柔與堅定的支持，那麼父母也得先這樣對待自己。

同理，父母在面對發生婚前性行為的孩子，能否敞開心胸，與孩子連結，並產生有建設性的談話，支持孩子能夠為自己的人生做出智慧與力量的決定？關鍵在於父母內在與性議題的連結是否完善？父母是否同時能享受性行為的美好而又警覺性行為的猛爆能量？相反地，若父母年輕時過度縱欲或壓抑，未經省思或帶有心結，這時候在面臨青春期孩子的性議題，就容易有失偏頗。

沒有一個人的童年是人格完整而充沛發展的，我們總是在有些主題上壓抑，對某些主題帶有心結，某些主題則毫無機會發展。當我們成為父母時，孩子會帶來生命的各個主題，這可以轉變成對父母的祝福，因為，為了給予孩子支持，我們得學習成長，恢復自身的完整，重新與生命中不同主題建立良好的連結關係。

孩子的議題，勾起了父母內在相似的議題。也就是，與孩子的人際互動，勾引出父母內在自我關係的互動。父母若有此覺知，在與孩子互動時就會留意自身內在的各種態度與感受。真正開放的態度不是【太緊或太鬆】，

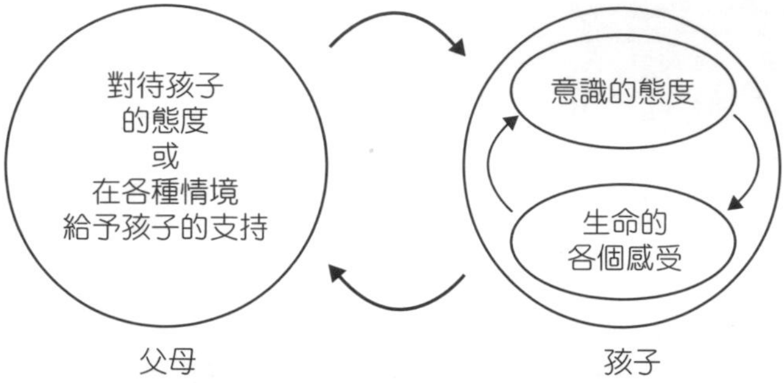

而是【不太鬆也不太緊】——對於哭泣不會強制孩子停止，也不至於放任孩子哭個不停；對於性沒有強制的道德堅持，也不是縱欲主義。

教養孩子最好的態度是中庸，父母能否在中庸的線上有一開放的彈性，影響關鍵就是我們與生命各面向的自我關係。

另一個角度來看，幼年時，父母與孩子的人際互動，形成了孩子內在的自我關係。

舉例來說，當孩子每一次愛漂亮的時候，父母如何回應，那將成為孩子如何回應自己愛漂亮的直覺反應。當孩子每一次做錯事父母如何回應，也養成了孩子在做錯事時，內在對話與自我態度的原始模式。若父母給出的態度相當支持，支持孩子面對真實，支持孩子與內在的自我價值感連結，支持孩子負起責任做出正向的行動。那孩子在面對生命的各種感受時，就能有一自我支持的態度，並做出負責的回應以及正向的行動。

但若父母基於貶低孩子的態度而行事，即使孩子日後學會為犯錯負責，也會是帶著自我貶低的態度。低的自我價值感會帶來掙扎與衝突，為生命負責就不是一件力量充沛的能量，反而是複雜糾結的能量。

能夠給予孩子對生命產生正向態度的行動，在行動時與生命力有好的連結，這種支持，我們稱為正向支持。反之，無法支持孩子，或讓孩子產生貶抑的負向態度，這樣的親職教養稱為負向支持。

父母若希望在生命的各個感受上，都給予孩子正向支持的教養。那麼，父母也得修復自身與生命各個議題的關係。生命的每個面向，盡量帶著正向的態度面對，這就是人生的修行。

期待、投射與陰影

父母最大的陷阱就是，「將孩子視為自身的延續或擁有物」，忘記「孩子不屬於我們，孩子屬於他自己，屬於生命」。有時候，我們會不由自主，看著孩子剛起步的生命，做著自己的白日夢。

「我要將她打扮得像個小公主。」

「希望他以後能學鋼琴。」

「小時候想要一臺很帥的腳踏車卻一直要不到，這次我一定要買給孩子。」

「小時候爸媽很少陪伴我，所以我一定要當全職媽媽，全心全意陪小孩。」

……

舉這些例子，並不是說不要為孩子打扮，不要逼孩子學鋼琴或不能買腳踏車給孩子，這裡強調的是，父母在想像這些時，眼睛看見的不是孩子的靈魂，感受到的不是孩子的渴望或需求，而是自己童年時未完成的夢想。父母用迷濛的眼光凝視著童年的缺憾，想要透過給予孩子，來完成當年未完成的期待。

這樣的期待，我們稱為「投射」，不是基於理念的合理期待，而是基於自身童年的缺憾、內在的不滿足感等等。當父母的往往會不自覺地將之投射到孩子身上，藉由滿足孩子來完成心裡虛假的滿足，這種對孩子的期待無法真正支持孩子或給出力量，反而有種夢幻般地執著。

這執著在於，我們不願結束當年的缺憾，不願如是地接納自己的童年。心裡帶著比較，羨慕別人的生活，或用理想中的幸福樣版來批判自己擁有的童年，並下一個「不夠好」的定義。

這樣的態度，往往會讓過往成為一個「匱乏的坑洞」，彷彿每隔一陣子，人生就會迴帶一次，明明時間已經過了，但卻還耗費我們許多力氣，去滿足內心當年的匱乏感。於是，那態度以及無覺察的迴返，成了一種耗損能量的坑洞。

建議你，覺察並釋放不適合的期待吧！

覺知你對孩子的期待，看看是否真是孩子所需要，抑或，想藉由孩子延續自己未完成的理想？

□若對孩子的期待是一種投射，請帶著覺知，練習收回投射。

□思考你對孩子的期待，真的是必須的嗎？抑或只是你從你心中的恐懼出發，試圖保護孩子？

□放掉從恐懼出發的期待吧！這些期待，會束縛孩子發展出內在真實的潛能。

□父母大孩子小，在家庭的抉擇上，由父母負責。相反地，孩子新父母舊，心靈的擴展，新世代的思想，父母反而得通過孩子來學習。孩子活在比我們新的世代，他自然地吸收新世代的結構。因此，父母基於舊世代恐懼而產生的焦慮以及期待，通常會框住孩子的發展。請放下吧！

□對於這些期待，父母要做的就是面對自身的陰影，將那些放在控制孩子滿足自身期待的能量收回，轉回愛自己的方向。

收回投射是一件困難的工作，我們在此，只列出簡單的大原則：

□在平日的生活裡，做到【自我照顧】。

□愛自己，接納自己。

□觀照每一份期待：對孩子的情緒反應，或經常重複的無效行為模式，看這些期待背後，是否有童年未盡理想的影子？

▲你可以自問：「這讓我聯想到小時候的什麼？」

▲若聯想到的是抗拒的受苦經驗，則需要照顧的是自己，而不是期待孩子。

□當找到童年未盡理想的影子，尋找一個可以愛自己的行動。

▲我希望當年的父母如何對待我？這份對待背後的本質是什麼？我是否能現在就給自己這份本質？例如：

●期待孩子學鋼琴，因為童年好羨慕練琴的同學，那讓你感受到浪漫高雅。而對貧窮有點自卑的你，學鋼琴像光一樣，照亮了童年貧窮的陰影。

●浪漫高雅、照亮貧窮的陰影、自卑……，這幾個關鍵字，共通的本質是什麼呢？

●是自在，自信吧！

●那麼，就從每一個瞬間，選擇接納如是的自己，讓自己隨處自在，充滿自信吧！

●於是，孩子是否學鋼琴這件事情，父母可以表達自己的想像，以及願意提供的支持。接下來，就交給孩子決定吧！

▲當我們在行動上給予自己所需的本質之後，心中匱乏的坑洞會慢慢地填平。對於孩子的期待，也就能更有彈性，甚至能全然放下。

支持與教養

支持與教養，是兩股力量。

支持，贊助孩子的靈魂完整，無論孩子冒出什麼奇怪的行為，都盡可能支持。支持他在經驗中，與自己（包含負向行為與負向情緒）有份好關係，與人有份好關係，以及與世界有份好關係。

教養，協助孩子紀律自我，慢慢地學會在社會中規範自身野性的衝動，能夠有禮貌地融入社會文化中。

我們的孩子同時需要兩者，他需要維持自身的完整（包含動物的野性），需要活得靈魂充沛而像他自己；也需要融入文化、融入社會，擁有自我紀律。

這兩股力量雖然方向不一樣，但二者並無衝突。

然而，在一般的教養系統中，經常因為過於嚴謹的管教而失去支持力，或過度「以孩子為中心」而失去了教養力。

孩子如同神祕的大海，在日常生活的刺激下，隨時會冒出不可思議的內在，若父母無論孩子出現什麼，都能給予支持，則孩子會存在於一個「有連結的流動狀態」，在此狀態下，孩子會發展出自我支持的方式。無論是可愛天真或是憤恨生氣，若孩子能在父母的支持下，都與之連結，並練習用一個「人性化且社會能理解」的創造性方式表達，則孩子可以不損其完整性地活在人間，並對社會有所貢獻。

這本書提出的親職技巧，包含【自我照顧】、【溝通技巧】、【親密技巧】及【支持技巧】，都是支持力的具體展現。也就是無論如何，即使孩子出現負向情緒或偏差行為，父母都可以使用【自我照顧】技巧而回到一個平靜狀態，因此能給出一種帶著祝福特質的支持。在這情形下，孩子學會自我支持，即使自己產生負向情緒或偏差行為，孩子依然感受到生命本身的祝福，以及安穩的內在連結力量。當孩子能自由彈性地展現人性的各個面向時，孩子就有了靈魂發展完整的可能。同時，孩子也能感受到自我支持的力量，這就是自我紀律的基礎。

自我紀律的基礎，就是孩子感受到安穩的支持力量，加上，清晰明確的人生理念，這是需要父母明說並定出要求的。也就是，當父母與孩子在一份流動的親密關係下（參考【親密技巧】，頁167），父母可以明白表達對孩子的期許和要求，以及人性高尚的品德規範。這將成為燈塔一般，在孩子協調人性的均衡時，成為指導方向的明燈。

反之，大部分的父母，畏懼人性中的陰暗面。當孩子出現負向情緒或偏差行為時，父母立即進入緊張或擔憂，還有自身期待的失落。在此情形下，父母沒有意識到需要先【自我照顧】，反而在緊張狀態下，給出責罵、懲罰、批判、忽視、甚至獎賞等等控制手段。這時候孩子感受到一種緊張，感受到自己的存在無法得到祝福，甚至得到的是父母的詛咒。於是孩子無法完整地與他的負向情緒或偏差行為共處，孩子與他的負向情緒與偏差行為有了一種「複雜的壞關係」，孩子可能自責、罪咎，覺得自己是個糟透的小孩，讓父母如此羞愧，從此有了低的自我價值感。或孩子可能叛逆故意與父母唱反調，仰賴負向情緒與偏差行為來控制父母或與父母爭權奪力。這樣的孩子，無法有安穩的內在支持力量，因此，也無法有良好的自我紀律。

這樣的孩子，即使父母花許多時間諄諄善誘，講許多人生的大道理，孩子由於失去內在安穩的支持力量，失去了與自己的連結，道理無法融入內在，依然會有負向情緒或偏差行為。因此，這些人生的紀律，孩子可能陽奉陰違，或在壓抑狀態下勉強為之。

若要孩子有良好的教養，就先給孩子完整的支持力。

若要給孩子完整的支持力，父母得做好完整的自我照顧。

無論孩子言行如何，父母都擁有平靜敞開的支持時，只要清晰而明確的提醒，孩子就能擁有良好的教養。

主體性

人是個完整的存在，這完整也許因為生病而無法完整表達（例如患有中風的人無法自由移動），也許因為情緒障礙而遮蔽住（例如患有憂鬱症的人無法活出生命的活力），也許因能力尚未成熟而受到阻礙（例如牙牙學語的孩子），但都不能否定他完整存在的事實。

尊重一個人的完整，看見他的存在，就是一種主體性的彰顯。

許多時候，我們過於專注孩子的問題，而看不到孩子，這時我們輕忽了孩子的主體性。例如：「為什麼你老是考不好？真是笨喔！」這樣的對話，將「考不好」等同「笨」，等同於孩子的自我認同。這讓孩子感受不到自身的整體，感受不到內在的自我價值感，以及潛能。我們說身而為人，擁有一完整的存在意識，擁有無限潛能的可能性，同時擁有為自身需求與情感表達的權利與責任。孩子的這份主體性，得被父母透過一次次溝通勾勒出來，從天賦的權利，到孩子能有自覺，並有能力執行，這是父母的職責，猶如父母一步步將主體性交到孩子手上。

反之，有時候，我們過於關注孩子，而忘記自己的主體性。例如，經常顧著餵孩子吃飯，忽視自己飢餓的肚子，而過度耗損。這習慣不只讓身體受忽視，也在孩子面前示範了「我不重要」的態度。

另外，有些父母為求表面的和諧或面子，也放棄自己的理念與聲音。例如，孩子在野外懶得走路時要求父母揹，父母心裡不認同也不願意，但為了省事寧人於是揹著孩子走路。這委屈的給予，是愛的反向示範，不但使孩子無法得到真正的愛，也無法讓孩子學會尊重別人，發展出完整的主體責任與意識。

麻雀雖小，五臟俱全；孩子雖小，身心靈俱全。

無論孩子多小，他也是個完整的個體。雖然他的身心還沒發育完整，而靈魂已經完整。對待身體功能尚未發育完整的孩子，我們為他作決定，給予照顧；而同時，我們用完整的眼睛看見他，相信他有自主的意願，也相信他有溝通的本能。

所以，在路上遇到朋友的孩子，不會不經詢問就摸孩子的頭，或捏孩子的臉。而會蹲下來，看著孩子的眼睛，詢問：「阿姨覺得你很可愛，我可以摸摸你嗎？」所以，在幫孩子換尿布時，會邊說：「爸爸幫妳換尿布了，我要脫掉妳的褲子，換上新尿布。」孩子雖無法理解語言，但他們會收到情意上的傳遞，因而感到安心。

這就是尊重孩子的主體性。

尊重孩子的主體性，還包括評估他的成熟程度給予適當的自主權。在父母開放孩子權力的同時，也尊重自身的權力，並表達自身的需求，讓孩子意識到，互相尊重的兩個個體存在感。

所以，尊重主體不是順從。

例如，全家外食時，選擇權不在孩子個人身上。而是每個人都有表達的權力，最後交由父母決定。若父母不愛吃漢堡，卻順從孩子：「你想吃漢堡嗎？好啊，那我們一起去吃漢堡。」順從孩子的意願卻忽視自己的意願，吃漢堡會吃得不開心。同時，這過程讓孩子學會可以不尊重人，孩子也無法真正尊重自己。

比較適當的作法是：「你想吃漢堡，媽媽想吃熱熱的飯，爸爸想吃點魚。那怎麼辦呢？我們都同意大家一起吃晚餐對不對？我們來想辦法吧！」這是一個【聆聽→表達→協商】的過程，一個互為主體的溝通過程。我尊重你的主體，也表達自己的主體，我們一起學會相互尊重。

尊重主體不是讓孩子有過大（超越階級）的權力。例如：在離婚協議時，問孩子：「爸爸媽媽離婚好不好？」或「你想要跟誰？」

當父母無奈而選擇離婚時，孩子無權力對父母的婚姻表達意見，也不適合讓孩子選擇要跟誰。兩項舉動都有損於孩子靈性的完整。比較恰當的方式是：「孩子，爸爸愛妳，媽媽也愛妳，我們兩個曾經彼此相愛，但現在，我們無法繼續生活在一起了。我們決定要離婚，這是我們自己的決定，與妳無關。但我們關心妳的感受，妳可以說說妳的感受嗎？」

或是，「孩子，離婚以後，爸媽要分開生活。我們無法同時照顧妳。所以，我們決定讓妳跟著媽媽住，在假日的時候，爸爸會來帶妳回爸爸住的地方。這選擇是基於我們的判斷。我們知道，這不是妳最想要的結局，但我們保證，會一起渡過這最困難的時刻。關於這個決定，妳有什麼想法或感覺想說嗎？妳甚至可以表達妳的不開心與不喜歡，我們都會聆聽，並陪伴妳的感受。」

尊重主體不是讓孩子做超越自己能承擔後果的選擇。例如：孩子堅持要拿真刀切水果。在沒有把握孩子學會拿刀前，這不是能尊重的需求。但也別忘了，孩子的確有學習拿刀子的必要與潛能。

在日本的一所蒙特梭利學校，讓三歲的幼兒，熟練地使用刀切蘋果、香蕉……等水果，使用盤子，為自己準備點心。由於孩子被信任，在規範下被教導，於是孩子學習到了拿刀的技巧，在內在感受到自身的「有能力感」，這樣的賦權使能 (empowerment)，是孩子感受到被尊重與有能力的發展關鍵。

尊重主體有以下的原則：

□使用【聆聽】與【真誠表達】。

□在困難時刻，記得【回歸中心】與【連結】。

□在需求衝突時，也請用【聆聽↓表達↓協商】。

紀律與規範

紀律與規範如同地球的經緯線，它讓家庭行為的飛行，有了遵循的依據。

本書所講的紀律，與一般觀念裡的紀律略有不同，本書強調的是「愛的紀律」。本書所講的規範，也與一般規範有所不同，這裡強調的是「真實的規範」。

在一般觀念裡，所謂的規範，是群體制定的默契，用來規範一個人的行為，使其在群體中能有益於其他人。而這規範的執行力量來自於「歸屬感」，當一個體違反了群體規範，他會有被逐出社群的恐懼，失去歸屬感的恐慌。因此，規範在個體的潛意識裡，有種制裁的力量。例如中國古老的傳統文化重視貞操的觀念，對待通姦者施以逐出社群的懲罰方式。

這樣的社會規範，基本上是使用政治的力量，為了方便管理而制定的。

許多規範的內容實屬良善，而我在此並不主張在親職教養中過度使用它，主要原因在於，一般社會的道德規範主要是訴諸恐懼的力量；然而，對於至善大愛，恐懼永遠無法帶來真正的臣服，恐懼帶來更多的，是人內心的掙扎、不一致、隔離、斷裂以及偽裝。

因此，這裡建議，在親職教養中使用的規範，要超乎社會規範的恐懼制約，而轉成一種以愛為動力的「真實規範」。真實強調的是人的真誠、完整以及內外一致。例如：

1. 我為自己負責。我相信情緒、想法、需求、行為……都出自我的選擇。
2. 我選擇真實與真誠。我留意內在真實的訊息，並真誠將之表達。
3. 我致力於內外一致。我讓我內心所想的，以及所表達出來的表情、言語，盡量一致。我讓心中所渴望的，以及行為所欲達成的，越來越重疊。
4. 當內外不一致時反思自身。當我覺察到裡外不一致，或渴求與行為的方向有了落差，我停下來，退到後面一步，像鏡子一樣看見並反思自己。我能表達自己的不一致與落差，並透過此調整，回到內心更真實的渴望，釐清內在無以名之的恐懼。

5. 我愛自己。我如其所是地接納並深愛自己。

6. 我尊重別人。當我無法感受到尊重之時，我後退一步，並思考他人與我的文化差異，並試圖理解無法尊重背後自身的陰影。

7. 在關係中，我盡可能與人同在。同在就是專注而放鬆地活在兩人的關係互動中，同在帶來一種自我與他人的融合，讓我更回到愛。

8. 我選擇健康、正向，以及愛。對於生活、對於理念、對於關係……我保持覺察與對知識開放，我誓言選擇健康、正向以及愛。

9. 對於孩子、親人，我如其所是地接納並深愛他們。若我無法做到，我也承認自身的脆弱，而不怪罪他人。

10. 我相信生命的格局能超越人格的框架，因此，我願意敞開，讓人格保持彈性與開放，享受生命的豐富以及靈性的超越。

11. 我相信，個人無法單獨存活，人與物種之間的連結，以及相互依附，才是宇宙生存的法則。因此，我讓自己用感謝與珍惜的態度活著，體認到萬物一體的意識。

12. 我誓言發展自身的天賦，並將之貢獻給社群。我也支持孩子發展他獨特的天賦，長出屬於他獨特的樣子。

而紀律，就是執行這些規範的堅定以及永不懈怠的精神。天行健，君子以自強不息。

正在閱讀的你，請思考這一章節，覺知並解構已經存在你身上，那些以恐懼為驅策力的規範；然後，花個幾年時間，閱讀思索，回顧生命。慢慢地，你就會找到真正有力量的人生規範，而擁有紀律，堅定不移地行動。

身為父母的你，閱讀這一章節，得開始對於加諸在孩子身上的規範有所覺察。最重要的就是：「我以恐懼為訴求」？還是「讓孩子連結到愛」？

舉例來說：「如果你不乖，就出去，媽媽不要你了。」

這句話也許只是氣話，但它正在傳遞一隱形的規範。那規範訴諸恐懼，它傳遞的意思是：

□「孩子，聽話比真實重要。」

□「如果你不聽話，你就會失去歸屬權。」

□「孩子，媽媽如果不能控制你，就不要你。」

其實，會說這樣的話的父母，經常忽略了【自我照顧】。這樣的父母自身也充滿這樣的規範，他也是壓抑著自身的真實，求全地順服於社會，但心中並沒有真正的臣服。於是這樣的父母渴求控制孩子，他會使用威脅、獎懲、批判、責備、嘮叨等等方式，試圖掌控孩子。然而，當父母堅持這些規範以及這些方式，孩子不僅失去自身的完整，孩子與父母的關係也進入表象的和諧關係；由於感受不到真實流動的愛，父母心中的安全感更低落，就更無助地使用這些控制的技巧，讓互動模式進入僵化無助的結局。

反之，若這些父母能回到【自我照顧】，找回內心的【平靜】，就有可能覺知到自身的恐懼以及掌控的習氣，因而重新做選擇。回歸到愛的方式，也就是本書的溝通、支持等技巧。

孩子的紀律受環境影響很大，當父母意念與行動整合，紀律自然展現。當父母堅持回歸到愛的啟動力，孩子自然感染到愛的力量，潛移默化之下，孩子也會擁有屬於他自己的「愛的紀律」。

選擇與責任

責任 (responsibility) = 選擇 (choice) + 連續結果 (consequences)。

這是什麼意思？

責任就是指在自己的選擇下，承擔選擇所帶來的後續結果。因此，要孩子學習負責，就要同時給孩子選擇，以及讓孩子承擔後續結果。

比方說，讓孩子有自由選擇走路，當跌倒了，讓孩子自行爬起來。當孩子爬起來時，激勵孩子做得好，很勇敢。於是孩子能感受到一種對自身行動的自由與責任。這將激勵孩子的力量發展，並滿足孩子的身體掌控感，以及心理上的權力需求。在走路這件事情，父母能支持孩子的就是，「盡量給他自行走路的機會，不過度抱他，也不在他跌倒時過於驚慌保護。在他跌倒後自行爬起時，表達你的鼓舞與讚許之意。」

比方說，當孩子吃飯，除了必要的原則或規範外，讓孩子有自由選擇他的食物，並讓他自行吃完。若他拿太多吃不完或選錯了不想吃，也請他負起兩個責任：一、基於惜物的原則，拜託別人幫他吃完；二、基於環保的原則，處理食餘的回收。若他選擇的量過少，在下一餐之間，父母不主動塞食物給他，讓他感受吃得過少的自然結果——餓。於是孩子將學習到在兩餐之間填飽自己肚子這件事情，並逐漸有能力做出健康的選擇。

是的，孩子需要有覺知地選擇食物，並對身體的飽或餓有自然的覺知。許多父母經常為孩子準備食物，在孩子吃不下時想辦法餵他或塞給他食物，甚至在孩子看電視無覺知時塞飽孩子就是了。這看似讓孩子吃得均衡或補充足夠的量，卻阻斷了孩子的感官知覺與食物的連結，使孩子無法學習覺知與承受選擇的結果。久而久之，孩子漸漸失去讓自己吃飽與吃得均衡的本能；也無法意識到，餵自己吃飽是自身的責任。

比方說，讓孩子選擇安排晚上的遊戲時間，並負起收拾玩具的責任。若孩子沒有負起收拾玩具的責任，讓孩子體驗到失去遊戲空間的阻礙感。若父母選擇自行幫孩子收拾沒收的玩具，孩子無形中將學會，「無論收不收拾玩具，我永遠有玩具和遊戲空間玩耍……」，孩子也無法學會收拾玩具的責任。

孩子若無法選擇與承擔，則永遠無法意識到什麼是責任。這裡的責任，伴隨著選擇的自由，以及承擔的能力，是一種鼓舞人心的權力感。這是孩子成長的必要訓練，也是培養孩子力量的關鍵。

孩子擁有的選擇範圍有多大，與孩子的承擔能力以及性格的成熟度有關。這有賴大人的判斷。父母最困難的智慧，就是隨著孩子的長大成熟，判斷何時給予孩子多大的範圍作選擇，並支持孩子勇於承擔結果。

教孩子負責

關於負責這件事，現代父母經常犯的錯誤是：

□給孩子超過他能承擔的選擇。

□在孩子需要承擔時，為了避免孩子受苦，阻斷了孩子的承擔。

□沒有給孩子選擇，卻要孩子負責。

□使用外控模式，企圖控制孩子：

▲批評：孩子有錯，或觀念有所偏差，父母試著指正。

▲責備：孩子做了不該的事，父母生氣。

▲抱怨：孩子做了讓父母受傷、擔心或疲憊的事情，父母不甘願。

▲嘮叨：孩子不曉得什麼是對自己最好的，由父母來提醒。

▲威脅：孩子的不受控制干擾到父母，父母想盡辦法控制局面。

▲懲罰：父母使用一點懲罰，希望孩子記取教訓，以免下次犯錯。

▲利用獎賞：父母用獎勵的方式，促使孩子做出好或對的行為。

在這裡，我們認為關於負責這件事，可以這樣進行：

□在孩子能力已經成熟之處，給予孩子選擇的自由。

□在孩子承擔結果時，支持孩子承擔，支持孩子受苦，支持孩子感受。

□給孩子選擇，不過度幫忙讓他能負責。

□使用內控模式，放棄控制孩子，支持孩子成熟：

▲關懷：父母將焦點放在孩子當下所表達出來的需求上。

▲信任：無論如何，父母相信孩子最懂得自己需要什麼，即使父母無法了解，也信任孩子正在用自己的方式為自己脫困，也正在朝向幫助自己的路走。

▲傾聽：父母試著用心聆聽，並試著將父母聽到的告訴孩子，與孩子的內在核對。

▲支持：父母聽出孩子需要父母支持之處，或是父母直接詢問孩子是否需要父母支持，在父母照顧自己的前提下，給予孩子支持。

▲協助：類似於支持，在孩子的同意下，在父母照顧自己的前提下，給予孩子協助。

▲親近：與孩子之間感受到一種舒適的靠近。

▲鼓勵：父母試著讓孩子看見自己正向之處，並表達父母的欣賞、信任或激賞。

回應不同階段孩子的需求

孩子需要父母，沒有父母，孩子無法存活；嬰兒在有需要的時候呼喊父母，哭與笑，是他們呼喊父母的方式。

嬰兒時期，還沒有自我意識，還無法分辨內外的時刻，餓了就哭，困倦也哭。哭，喊來了照顧，讓生命得以存活。哭——是他們表達需求匱乏的語言；哭——是嬰兒存活的最大能力。當然，嬰兒還有一種本能叫做笑，笑激發出父母內心的柔軟與甜美。嬰兒圓圓的臉龐、柔弱的身軀、清澈的眼眸以及反射式的笑容……，都惹人愛憐，於是能激起照顧的本能，確保嬰兒的存活。

孩子逐漸長大，他們開始學會各種表達方式，除了哭還能咿嗚發聲、張手踢腳比畫……。慢慢地，孩子學會用表情、用手勢、用肢體語言來表達。最後，孩子學會使用語言。

孩子逐漸意識到，父母不是一組需求滿足機器人。孩子逐漸學會，父母不是為了滿足自身需求而存在的，父母有他們的脾氣、他們的需求；還有他們的期待和喜好。於是，孩子逐漸學會，當自己有需求時，自己可以先照顧自己。當自己需要父母幫忙時，如何用一種父母能接受的方式來表達。

這是一個自然而然的成長歷程，從嬰兒的無法分辨內外的融合式感官，到幼兒的自我中心，而後慢慢學會意識到他人的存在，意識到人我的差異，於是學習人我溝通以及如何顧全人我的和諧，又不忽視自身的需求。

在這成長過程，父母也要根據孩子的不同發展需求，給予不同形式的支持。

要理解如何給予孩子不同形式的支持，首先要放入一個概念，那就是孩子的自我調節的本能。也就是說，孩子能自我安慰，孩子也能自我管理。

在孩子需求匱乏、情緒混亂的時期，孩子會有自我調節的本能，即使是剛出生的嬰兒，他們會藉由踢動雙腳、吸吮，而逐漸翻動身體、尋求枕頭的慰藉等等，這都是孩子試圖回復平靜的嘗試。因此，在嬰兒時期，當孩子啼哭，父母切莫立刻將孩子抱起來安慰。父母可以立即到孩子身邊，靜靜地等待，敞開心懷為孩子打開自己的眼睛和心，於是，孩子會因為父母能量上的臨在而得到支持的力量，並有機會練習他的自我調節技能。

當然，一會兒，孩子依舊需要幫助時，由於父母已經逐漸與孩子共鳴了，父母可以給予那「剛剛好的一點協助」，就是孩子剛剛好需要的，沒有過多卻足以讓孩子恢復安定。也許是輕輕哼唱與孩子哭泣同步的旋律，也許就是一隻安穩溫柔的大手放在孩子的背上，有節奏的輕拍……

太快地立即將孩子抱入懷中的搖動與安慰，可能對孩子是過大的刺激，未必是孩子需要的，或是讓孩子錯過學習自我調節❶的機會。越能感受到自我調節效能的孩子，越能發展出內在情緒自我管理的信心。

等孩子逐漸長大，能夠有自己的表情以及聆聽語言的能力，孩子需要大人在回應他的需求以前先給予語言的確認：「想抱抱嗎？」「想喝奶嗎？」「尿尿了嗎？」「想要玩具嗎？」……，透過語言回饋，孩子能意識到自身

❶ 自我調節(self regulation)指嬰兒自我調節其感官知覺、情緒、安全感、適應外在環境的本能。

的需求，並學習點頭與搖頭來為自己表達。孩子能因此得到自我管理的效能感，並逐漸建立自我界限。同時也會在與父母的互動中，開始學習人際中的往來。

等孩子再大（會移動以後），父母在滿足孩子需求的過程中，可以逐步加入對孩子的提醒：「想抱抱嗎？爬過來，爸爸抱。」「喔！尿尿了，去把尿布拿來，媽媽幫妳換。」「來，這是你的水，自己拿著喝。」「想睡覺了，嗯～閉上眼睛，躺好。」

當孩子已處在會表達自身需求的幼兒階段，父母在每一次回應孩子需求時，都先觀察，是否這裡有孩子能照顧自己之處，邀請孩子與父母形成合作關係來自我照顧。例如：當孩子說：「媽媽，我好餓喔！」你可以回應：「真好，你可以知道自己肚子餓了。看看時間，現在還沒到吃飯時間，我們可以怎麼做呢？」這是一個邀請，邀請孩子進入想辦法的階段，除了讓孩子意識到飢餓，意識到自己的能力與責任之外，也讓孩子學會規劃飢餓與進食規律的協調。

或是，當孩子說：「好無聊喔！」我們可以回答：「無聊，那告訴我，你需要什麼？」於是孩子學會反身自問：「我需要什麼」，這對需求的覺知，就是自我照顧的第一步。孩子可能會回答：「我想要看電視」或是「我想要你陪我玩」，這時候父母就可以往下進行溝通，例如：「嗯～看電視是個解決無聊的好方法，但我們來想想，看什麼，看多久，可以剛剛好快樂，又不會久到讓自己變成沙發馬鈴薯❷？」，或是「爸爸陪你玩是個好辦法，爸爸需要十分鐘完成手邊的工作。你要等我十分鐘喔！想辦法讓自己這十分鐘做點什麼。」

父母得仔細聆聽，孩子在表達需求時，是否帶著委屈與被虧待的情緒。例如：孩子哭嚷著：「飯好燙喔！我吃不下。」語氣裡有種不耐煩或委屈的表情。有些父母容易被孩子語言下的表情影響，會立刻代勞，幫孩子吹涼；有些父母會被勾引出生氣：「這種事也哭，自己不會吹涼喔！」這兩個方法，一個對管教太鬆，另一個太緊。父母要覺知孩子言語下的情緒，而又不被勾引。父母可以平靜地說：「請你照顧自己，平靜一點再說，你

❷ 美國俚語，指癱坐在沙發上眼睛盯著電視，身體像馬鈴薯一樣的生活習慣。

需要什麼？」或父母可以聆聽孩子：「聽起來你心情不太舒服，好像吃飯這件事讓你難受？」這時候也許可以聆聽出孩子的情緒，甚至孩子有些轉移，飯很燙未必是他委屈的來源。可能是因為吃飯而中斷了剛才的遊戲，孩子對吃飯抗拒轉移出來的情緒。

這裡的原則是，孩子在嬰兒時期用啼哭來表達自身需求，長大以後要逐漸學會用語言來請求協助。因此，在孩子長大以後，父母得留意孩子在表達需求時背後的啼哭或自我負責。父母聆聽孩子的啼哭，並協助孩子自我照顧，直到孩子語氣平靜，具體請求時才給予協助。

在這裡，面對孩子的需索，我提出幾個大原則：

□孩子能為自己表達，若不能，給予聆聽。
□孩子能平靜地表達，若不能，給予聆聽，並陪伴他覺知情緒。
□孩子能具體說出自己的請求。例如：
▲「我想要媽媽幫我吹涼」而不是「好燙！」
▲「我想要吃點心」而不是「我餓了」。

▲「我想要你陪我看書」而不是「好無聊」。

▲「我想要被抱抱」而不是無覺知的不安定扭動。

▲若孩子無法做到，則給予聆聽，或直接問：「你是不是想要我抱抱？」

▲這時候可以邀請孩子：「可以請你對我說：『媽媽，我要抱抱』嗎？」

□孩子表達出需求以後，父母也表達自己的需求。孩子能聆聽父母的需求，並共同討論「怎麼做」。當然，在日常生活的合理需求，父母未必得表達自己的需求。但在孩子有額外的大需求時，父母得回到自身省視自己的需求，表達和協商，讓孩子可以學習相互尊重的人際寶藏。

□適度地讓孩子也有機會回應父母的需求。適度地，為了平衡與教育的理由，父母也「讓孩子幫忙」或「請求孩子協助」。

□記得，彼此帶著感激之心做這些事情。感激的未必是「你幫忙我」而已，同時感謝那更大的：「謝謝我們的相愛，我們互相協助。」

對一個語言能力完整的孩子：

□不在為了讓孩子停止啼哭的前提下，而回應孩子的需求。

□不在為了省事的原則下，而輕易回應孩子的需求。

□不過度主動照顧孩子，而是主動凝視孩子，聆聽孩子並提醒孩子照顧自己。而將「請求大人協助」視為孩子的具體能力而給予培養。

□記得互相表達感謝，感謝個體在於意識到彼此的重視關係：「感謝我們如此相愛，如此互相支持」。

需求與核心需求

需求往往一層又一層，被種種表面的行為包裹。要真的碰觸到最深的需求，猶如謁見國王一樣，從最外圍的道路進去，經過護城河，往最外殿走……，要通過層層關口，才能見到國王本尊。需求也是這樣，一層包裹一層，層層進入，最後終於找到核心需求。

一般而言，坐在需求宮殿裡的國王，也就是核心需求有下列幾類：

1. **連結接觸需求：**接觸及人際連結（參考【連結】，頁172），就是指孩子需要感覺與人有關係，被看見、被聽見、被觸摸、被重視。接觸需求，讓孩子感受到自身的存在感，是活下去的基本保障感。經常獲得良好接觸的孩子可以有良好的自我價值感，長年無法滿足接觸需求的孩子，會有人格或情緒上的偏差。孩子過度表達接觸需求時，常會讓大人覺得煩躁、黏人。這現象其實代表了孩子深層的接觸需求有匱乏。

2. **權力需求**：權力需求指的是掌控感。孩子能夠爬、能夠走路、能夠表達、能夠抓物握物、能夠自己吃食……，這都是基礎的控制力，也就能滿足內在的權力需求。權力需求如同接觸需求一樣，都是活下去的基礎需求。權力需求包含了在團體中，是否獲得歸屬感，是否被賦予適當的責任，也就是被給予適當的決定權。孩子長大以後，權力需求還包括成就感與選擇權。權力需求無法滿足的孩子會變得非常在意權力感，而成為過度追求權力的狀態，容易與人產生衝突，與人進入權力爭奪的關係。

3. **愛的需求**：愛，就是一種無條件的接納與關愛（參考【條件式關愛】，頁60）。愛的需求保障了生命的延續。愛，在日常生活中讓人感受到溫暖與正向，在孩子有偏差行為時讓孩子感受到他人對自己的不放棄，能帶來轉變的力量。在愛的需求上有所匱乏的孩子，經常要用各種方式來獲取愛，甚至為了證明自己是被愛的而故意犯錯作為一種測試。他們經常使大人感受到傷害，彷彿孩子得透過讓大人傷心來表達內在愛的匱乏，並獲取愛。這都是為了滿足核心需求的錯誤途徑。

4. **撤退需求**：撤退需求就是放鬆，回歸內在，簡單的做自己。孩子有接觸、權力與愛的需求，同時也有暫時什麼都不要的需求。「讓我一個人吧！」「暫時別理我。」有時候，當孩子心裡有事的時候，他會有撤退需求；有時候當孩子有挫折而難以面對自我時，他也會有撤退需求。正常的撤退需求是暫時的，但若孩子覺得被父母過度期待，覺得想要成為簡單的自己的需求無法達成時，孩子會用激烈的手段來滿足撤退需求，包括自暴自棄，包括故意做出讓父母失望的事情。這雖是滿足需求的錯誤途徑，父母還是得聆聽孩子心裡真實的吶喊。

5. **遊戲需求**：遊戲需求是一種內在的創造感，是一種生命回歸滋養的核心需求。要長出美好的生命需要滿足遊戲需求。可以無為地做，可以無目的地的自在。遊戲需求帶人回到內在的赤子，回歸無壓力的生存美好感。孩子的遊戲需求若無法得到滿足，會反向地變得沉溺於遊戲。這同時包括了愛與撤退需求無法滿足，條件式的關愛，以及來自大人的期待，這樣的孩子通常會依賴某種遊戲，甚至到上癮的程度。這個時代的上癮遊戲通常與網路有關：權力需求相關的是網路連線遊戲，孩子在網路中獲得一種控制感；接觸需求相關的則是網路交友，孩子透過虛擬關係來取代真實人際的連結。

從以上的描述，我們知道，核心需求是生命維繫所需的基本，無論如何，孩子會用各種方式來讓自己滿足，這是一種活下去的動力。尋求自殺的孩子可能是一個強烈的抗議（權力需求），也可能是消極的撤退手段（讓我一個人吧！），它依然是錯誤的求生存策略。

也就是，當孩子正常表現無法得到核心需求的滿足時，孩子就會演化出滿足需求的錯誤途徑。表面上做出讓人負向感受的行為，實則有核心需求的需要。大人在面對孩子錯誤途徑的行為時，要記住以下兩個原則：

□用【回歸中心】，來穩住自己。【聆聽】孩子，讓孩子感受到接觸。

□避免讓孩子得到立即的需求滿足。

□在孩子終止錯誤途徑時，滿足孩子的核心需求。（可透過【往內走】來幫忙）

□在平日孩子表現出正向行為時，多滿足孩子需要的核心需求。

讓我們一步步，從孩子的表面行為進入內在，找到孩子的核心需求，有以下兩個問句可以幫忙：

「若你想要的已經滿足了，你會得到什麼感覺？」

「若你想要的已經滿足了，你還會想要什麼？」

例如，孩子用強烈的方式爭取買玩具。

我們可以問：「如果你很快就得到這玩具，你會有什麼感覺？」

或「如果你很快就得到這玩具，你還會想要什麼？」

這兩個問句，彈性交替的使用，就能觸碰到孩子的核心需求。

行為法則的運用

在心理學的理論中，我們常用行為法則來說明人類學習的歷程。所謂行為法則，指的是行為的增強或削弱法則。

一般人熟悉的獎賞與懲罰，背後就是行為法則的原理。在孩子表現出我們喜歡的行為時，給予獎賞讓孩子繼續出現這些我們喜歡的行為，這就是增強；在孩子表現出我們不期待的行為時給予懲罰，讓孩子因而避免繼續做出我們不期待的行為，這就是削弱。

基本上，我反對獎賞與懲罰。因為獎賞與懲罰，是基於控制孩子行為的動機而做。

孩子在獎賞下固然樂於滿足成人的期待，但孩子的「樂」不一定是來自對行為的熱愛，而是對獎賞的熱愛。使用獎賞增強而來的行為，讓孩子無法產生真誠熱愛，甚至有反效果。就增強的原理來看，久而久之，強度不變的獎賞會令孩子感覺疲乏，父母得變化更多更大的獎賞，才能繼續保持增強的效果。同樣地，懲罰與獎賞有相同的副作用，孩子並不是真心決定不要做那些行為，孩子只是怕了而逃開。

獎賞讓孩子失去真實的熱情，懲罰讓孩子以恐懼為人生的動力。雖然我反對獎賞與懲罰，但我同意運用行為法則於親職教養中。

我同意的是什麼？

我認為，增強與削弱原則，是人類學習的自然狀態，若父母無意識，無意中也會產生增強與削弱的效果。因此，父母需要有覺知地意識到與孩子互動歷程中，對孩子帶來增強與削弱的種種影響。

在我的觀點裡，行為法則在親職中的要點如下：

□父母放棄積極使用獎賞與懲罰來影響孩子（見【期待、投射與陰影】）。

□父母得留意日常生活互動對孩子帶來的增強與削弱。

例如，當孩子用哭泣的形式來索求，父母能做的是在他哭泣時放鬆，支持孩子的存在同時不回應他的索求。父母聆聽孩子的索求，放在心裡，等到孩子平靜理性時，開啟與孩子的溝通，試著去聆聽索求背後的核心需求，在合理的情形下，協商二人如何合作。這作法以行為法則來說就是：「避免無意中增強孩子哭泣索求的模式，增強孩子用理性的溝通方式」。

再舉一個例子。許多父母由於平日忙碌，只有在孩子出狀況時才會將注意力放在孩子身上。當孩子無事平安的時候，父母就忙自己的事情去了。這樣的作法其實在無意識中傳遞了以下的訊息：「只要你出狀況，我就會注意你；你平順無事的時候，就得不到我們的注意」，這就是一種無意識的增強，孩子「學會」了製造麻煩來獲取愛。即使這份愛不是溫柔正向的愛，而是嘮叨或煩心，但對孩子而言，至少比沒有好。

因此，有紀律的父母，在孩子平順的時候給予很好的注意力，包含有【交流的表達】、【聆聽】、【鼓勵】、【溫柔觸摸】等等。這會增強孩子在平順的狀態下前進，孩子能感受到愛，感受到維持穩定的美好。相對的，在孩子出狀況時，父母除了把注意力放在問題之外，依然注意到孩子的整體存在。

更細微的例子是，父母常使用焦慮擔憂的態度叮嚀孩子或督促孩子。然而，父母的擔憂與焦慮成了負向削弱，孩子無動機接受父母的叮嚀，無意識地抗拒焦慮與擔憂。父母欲教導的人生經驗孩子不一定能吸收，焦慮與擔憂的情緒成了負增強，讓孩子抗拒父母的人生教導。這是我認為最可惜的地方。

父母在對孩子說重要的話之前，永遠回到【平靜】，平靜溫柔的力量，是伴隨父母智慧最好的正增強。

閱讀完這一章，請你開始覺知教養歷程中有形與無形的增強或削弱。生命流動的重點在於，讓給予的時候都帶著祝福，讓教導的時候都帶著平靜。在孩子無法平靜的時候給予陪伴與等候，在孩子準備好前進時給予鼓舞和支持。在孩子遇到困難時，給出最大的堅定與信任。

這就是生命最好的正增強了。

邏輯結果法則

邏輯結果法則是一種教養方法，它使用時很微妙，可以用來支持孩子，也可能變成一種懲罰。這微妙之處如何拿捏，請見下文分曉。

什麼是邏輯結果法則？

例如：「孩子，我要收拾碗筷了，如果你不快快吃飯，要請你洗自己的碗喔！」這句話的意思是，若你即時把飯吃完，碗就一起洗；若你太慢吃錯過我的工作節奏，那就要麻煩你自己洗了。這是一種邏輯結果，不是自然而然的定律，是人情常理的邏輯。

自然而然的定律我們稱為自然結果法則，也是一種教養方法。

例如：冬天了，學童們把窗戶打破，若沒有修補起來，自然結果就是全班會挨冷受凍。因此，當孩童受凍之後，全班就會有積極的動機將窗戶修補起來。吃飯吃得少，等一下就肚子餓了，這也是自然結果。

有些自然結果有立即性，例如洗完澡不趕快穿衣服，一吹風很快就會感受到寒冷，有感冒的危險；下雨天不帶傘可能淋成落湯雞。這些立即性的自然結果，讓人們較有動力去行動。有些自然結果沒有立即性，例如做錯事不跟人道歉，人緣會變差；吃太多蛋糕巧克力會變胖等等。

沒有立即性的自然結果，通常不易發揮警惕效果。所以我們常會加上人為的邏輯結果，例如：

「妹妹，跟哥哥道歉。不然媽媽決定五分鐘暫停跟妳親近。」

「如果我連續三天每天都吃蛋糕，那我就去跑操場一個禮拜。」

邏輯結果是一種約定，用來規範行為，讓孩子體驗到行為對別人、對世界的交互影響。比較好的邏輯結果，是一種很自然的人際因果，沒有操控或懲罰的意味。比較粗糙的邏輯結果，依然會有操控或懲罰的陰影，父母使用時要帶著溫柔與智慧來判斷。

底下的例子比較了細緻與粗糙的邏輯結果。

1. 叫孩子去洗澡，孩子動作慢吞吞

□「媽媽數到三，請你過來洗澡，如果你不過來，我就先洗了。」

↓很容易讓孩子理解。

□「媽媽數到三，請你過來洗澡。如果你不過來，我就要生氣了喔！」

↓上句可改成：「如果……媽媽會失去耐心喔！」或「如果……那我就要癢你喔！」

2. 孩子本來要倒垃圾的責任，連續忘記兩天

□「今天要記得倒垃圾，如果今天再沒倒，媽媽就三天不洗你的衣服。」

↓讓孩子體驗骯髒的感覺。

□「今天要記得倒垃圾，沒倒這禮拜就沒有零用錢。」

↓二者沒什麼邏輯，比較像懲罰。

我喜歡的邏輯結果，其實就是一種討論，讓孩子明白人與人之間，人與世界之間如何運作。是一種邏輯運作的討論會，而不是需要執行的結果。

例如：

「同學沒帶衛生紙，每天都用你的，我們來討論有什麼可能的結果？」

「如果每次鄰居跟妳打招呼，妳都沒什麼理會，久而久之會有什麼影響？」

「如果你只吃肉，不吃青菜，可能會有什麼結果？」

這些邏輯運作的討論，是很好的連結訓練，它打開孩子的自我中心，讓孩子去思考人際社會甚至物質宇宙之間的關連。平日使用邏輯連續結果的討論，在孩子行為有不恰當時，只需要提醒他各種可能的邏輯後果，而不需要用一種強制的方式來執行。這維持了孩子完整流暢的能量，同時支持孩子活在社會中。

條件式關愛

是否記得紀伯倫在《先知》(*The Prophet*)中的智慧——

孩子經我們而生，卻不是我們所造生。孩子與我們相伴卻不屬於我們。我們能給孩子的只有愛而不是思想，因為孩子擁有他的思想。孩子不屬於我們，孩子屬於生命自身。

但我們在生活中需要掌控局面的時候，經常無意中忘記了這些智慧。在想要掌控的時候，通常我們會這樣說：

「來洗澡，我數到三。我開始數了喔！一～二～三～我要生氣了。」

「如果你把玩具分給表哥玩，我就會買一個新玩具給你。」

「你再不跟我回家，我就不理你了。」

「如果你……我就……」

這些父母的心聲，在我聆聽起來是這樣的：

「我想要你快快洗澡，我累了，我好想早點把這晚上的工作做完。」

「我喜歡你和表哥分享玩具，如果你不想分享，我會覺得尷尬和不愉快。」

「我想早點回家，我快要失去耐心了，這種時候我無法對你溫柔。」

「我想要按照我的意思掌握局面……獎賞或懲罰，只要有用就好……」

父母也有需求，父母需要效率管理的深層心理，是一顆想要休息的心；而孩子通常被想玩的心抓住，很少會顧全大局的。孩子在父母條件式句型的互動下，逐漸學會了條件式的關愛。父母也許要到了他要的管理與效率，但孩子失去的可能是整個世界的原貌。

我曾經遇過一個五歲的孩子，他的人際邏輯觀都是條件句：「如果你現在不跟我玩這個，我就要回去了，我以後也不會來你家玩了。」「如果你……我就會打你喔！」這樣的孩子內在很辛苦，他在心裡計算著，而他能用的籌碼，幾乎都是他與他人的關係。這樣的孩子讓人心疼，他為了贏，賭上最珍貴的友誼。孩子細弱的身軀要撐起一個交換的現實世界。這孩子看待世界的眼光是一種交換的商業邏輯。

資本主義社會的表層邏輯也許就是商業邏輯，但世界永遠不只這樣的樣貌。

世界有詩人的語法。紀伯倫說：

你是弓，而你的孩子是從弦上射發的生命的箭矢。
那射手看到了無盡路上的標靶，
於是他用神力將你扯滿，讓他的箭急馳遠射。
你應在射手的掌中感到歡欣；
因為他愛飛去的箭矢，也愛靜存於掌中的彎弓。

世界有慈悲的心。慈濟人關懷的是如何渡苦，如何有效率地分享與付出。

世界有夢想的力量。林義傑用他的雙腳揹著臺灣國旗跑，在沙漠中感到瀕臨體能極限時，心中用的是夢想的邏輯，是「相信」帶來的強大力量。

我同意，父母在自身時間與體能的限制下，有時會需要用到條件式邏輯。

我反對，讓條件邏輯成為管教的唯一邏輯，這會窄化孩子的認知，關閉了孩子與世界真實接觸的大門，甚至扭曲了孩子體驗詩、慈悲、愛與夢想的可能。

我認為，當父母一再使用條件式的關愛，那透露了父母心中對於「活」的辛苦感。因為父母也被資本主義社會的交換與現實侷限住。父母的心裡可能會想：

「如果收入再多一點……就可以……了。」

「如果時間再多一點……就可以……了。」

是的，這是我們社會中的部分真實，

但，請不要讓這樣的邏輯成為你的主要認知。

這是我最真摯的請求。

請你把心放回當下，把那老是為明天擔憂的心收回，回到此時此刻。請敞開你的心，對當下的孩子與自身內在敞開，二者連結了，就是個創造的場域。

當你的心越在擔憂裡，你就越將力量給了擔憂。創造的邏輯說：「你的心思如何，你就賦予什麼力量。」當你把心敞開，與孩子的內在以及自身內在連結了，許多閃亮的創造力就會出來了。效能會以一種你原本無法想像的方式發生！

「我不等你了，媽媽先去洗澡囉！」讓自己愉快地洗澡，開心地唱歌，管孩子會不會被吸引過來。

「這玩具是你的，你有權力決定分享出去創造快樂，還是自己玩創造小氣的尷尬。爸爸喜歡表哥來我們家，大家都很愉快。如果你喜歡一個人玩，我也敬重你的決定，不會吵你。」

「媽媽累了，我在五分鐘內就要回家。五分鐘後我會變成大力士，把你扛走。大力士會帶走所有他真正愛的東西。你小心喔！媽媽是充滿決心的。」

這些作法的邏輯如下：

□當我們累了，想要的就是放鬆與快樂，那就先給自己吧！盯著孩子洗澡，是更累自己的作法。回到當下的內在需求，先照顧自己。

□當我們想要控制孩子分享玩具，其實是掉入雙重束縛，因為分享一定要發自內心的自由。所以，把權力給出去，讓孩子有自由選擇吧！與自己的尷尬平靜相處，分享就是能捨，大人就先捨下自己的面子吧！

□大人比孩子大，有權力決定何時離開這是真實。大人願意給予孩子照顧，這是基於大人的力量。因此，找回自己的力量，即使搬也把孩子搬走。用一種頑皮的創造力，彰顯大人的力量吧！

這裡的邏輯，不是商業的交換邏輯，而是神聖的邏輯。教養是神聖的，這是奉天承運，如同皇帝管理國家，是上天賦予的權力。我們管理孩子，也是上天託付的重大使命。

若教養能真的透過愛，那就是至上的利益。

神聖邏輯說：

「真的想要的，就先給自己。」

「真的想教出去的，就先示範。」

「孩子的生命由我而造生，我大孩子小，當現實承受與負責人是我時，我得彰顯自己的權力，成為一種宣稱，而不是透過控制的形式來彰顯。」

奉天承運，皇帝詔曰。在家裡，我們是小小的皇帝，但別忘了皇帝背後的老闆是天。天有天的邏輯，那是愛與生命。

皇帝有皇帝的人格限制，但至少要光明磊落。

無法放掉控制孩子需求的時候，就明白表露自己的控制需求吧！

放掉隱形的控制，放掉邏輯式關愛的語法。

在能回到愛與創造力的時候很美好。

在能給出權力時候說：「孩子，洗澡是你的責任也是權利，你有權力決定什麼時候洗澡。你太晚洗媽媽會疲憊，疲憊時媽媽想睡就睡，沒力氣等你的。」這裡也使用邏輯，使用的是自然邏輯。

在疲憊至極，放不掉控制時說：「我就是大人，今天進度我決定。」

在孩子的需求與父母的需求衝突時，我還是建議使用【聆聽→表達→協商】。

「媽媽知道你還想要玩，但媽媽喜歡我們家早點洗完澡。現在怎麼辦？」

「爸爸知道你捨不得把玩具分享給表哥，但爸爸喜歡表哥來我們家玩得開心，我們一起為你們想辦法吧！」

「媽媽聽見你還想留下來玩，如果我們離開了，你心裡還會想念這裡。媽媽也很高興你喜歡這個地方。但很清楚的是，回家的時間到了。今天沒得商量，由我決定。如果上車後你會生氣或難過，媽媽願意多陪伴你。」

這是最純粹而美好的方法了。

孩子會學到一種人與人之間真誠與尊重的邏輯，背後交換的是真心與體貼。

太緊或太鬆

生命充滿濃郁各色的味道，當初生嬰兒抱入懷裡時，那無比的柔軟與撼動——來自生命的驚喜與讚嘆；當坐在垂死前的親人身畔，感受那凋零前的臉，老年、壯年、青年、少年的臉龐一一褪去，逐漸剩下孩子般的臉，那是一張去除性格的眾生之臉。

成長是一個社會化的歷程，長出獨特的人格。生命本質包裹在其中，平日顯現不出來，在特殊時刻或困難時閃爍著生命的味道。人格將本質包裹起來，試著在尋求安全、親密與成就的一生中，忘記生命的原始樣貌。

孩童粗野的歡笑，如動物般受傷的嚎哭，那是人格尚未包裹完成，孩子以原始的方式展現生命。人格讓我們文質彬彬，讓我們懂得呼吸、與內在衝動豐沛的能量平靜相處，用一個社會能接受的方式展現出來。

所以在教養上，我們面臨一個挑戰，那就是「不太緊也不太鬆」。

太緊的教養過於在意社會的評價，急著讓孩子在還很貼近生命以吃喝拉撒為主體的階段時，就要包上一層禮貌的包裹……。由於太急，難免抓得過緊，於是使用壓抑的方式，將生命粗野的本質硬生生壓下去包裝起來。這樣的孩子會在許多時刻有合宜的禮貌表現，也會在許多時刻，特別是當生命自發地要掙脫過緊的包裹時，產生張狂的控制性模式，讓大人無助。這樣的孩子由於和生命本質失去聯繫，他在成長的過程裡會出現各種危機，每個危機都指向企圖回到生命的本質，獲取更強烈的情感與更自由的呼吸。

太鬆的教養可能是父母忙於自身的挑戰困局，無法將細膩的心思分給孩子，也可能是父母過於以孩子為中心縱容孩子的狂野，於是孩子沒有被細心地觀照、教養，孩子無法以平靜的方式展現原始衝動，習慣性地宣洩，無法融入社會結構。這樣的孩子在心裡其實是渴望被管教（真正關愛）的，但又表現出無法被管的偏執與叛逆（一種彷彿仇恨的冷漠）。這樣的孩子，陷溺在生命過於強大的衝動裡，他不知如何用人性的方式與之聯繫，也不會用人性化的方式，將內在的衝動與美好表現出來。這樣的孩子如脫韁的野馬，看似自由卻無歸屬感，渴望能回歸文化的馴養，卻無經驗支持。這樣的孩子在成長過程裡，會替別人帶來許多麻煩，而他的麻煩在於無法在社會中有一安穩的定位，以及融入社會的好管道。

成長，意味著學習用人性化的方式，活出我們生命的豐沛本質。教養，意味著在每個時刻給予人性化的支持，讓孩子學習到如何與自己內在原始衝動平靜相處，並享受以人性與社會欣賞的方式，獨特地展現。

孩子，在甜美可人、乖巧宜人的時刻，容易得到父母人性化的教養；孩子，在情緒強烈、叛逆衝動的時刻，父母容易過緊或過鬆——過緊的父母嚴格斷然管教，讓孩子硬生生切斷情緒；過鬆的父母無力管教，只能用順從孩子的方式來停止孩子的情緒。得不到人性化支持的孩子無法學習到，用合宜的方式與自身的強烈情緒和慾望相處，導致過於壓抑或過於縱容。這失去學習之處，生命會在未來繼續給予挑戰。因為生命渴望完整，渴望擁有一個可以將生命完整地展現的人格，無須壓抑又能和諧。

觀看這一頁的父母，可以反思自己的管教風格，何時太緊，何時太鬆？

太緊的父母，省視自己在何時管教太緊，看見孩子的壓抑。反思自身承載著過於緊張的社會壓力。詢問自己，是否自身也亟欲得到社會肯定，於是把這壓力帶到管教中？

太鬆的父母，省視自己在何時管教太鬆，看見孩子失去教養之處。反思自身過於懼怕孩子的狂野，過於放棄自己管教權力的時刻。詢問自己，是否害怕自己內在狂野的生命本能，自己也還沒學會如何表現自己的情感？

身為父母的我們，在不同的時機，都可能有太緊或太鬆的可能。

那也是生命在我們身上，渴望回歸完整的時刻。陪伴孩子成長，給予適度的管教，是我們內在孩童的第二次長大的機會。這一回，我們要當自己的「剛剛好父母」，不太緊不太鬆，手捧著生命本質，用人性化的創意方式，在人生中展現。

多元的教養風格

夫妻從不同家庭長大，雖都是臺灣人，但在教養方式上的差異，有時彷彿來自兩個不同的星球。不同意配偶管教孩子的方式，經常是兩人衝突的來源。

我的觀點是：「孩子選擇了自己的父，也選擇了自己的母。所以，即使配偶對待孩子的樣子我看不順眼，但誰知道那裡沒有他們兩個的功課呢？因此，尊重他們，除非必要，否則不當場干涉。即使是事後討論，也尊重並了解配偶原生家庭的文化。」

這觀點以信任為前提，信任多元文化能使孩子人格發展更趨完整。孩子可以有一個人本的媽媽，日式教育的爸爸，加上溺愛的阿嬤（保母）……。只要這三人之間相親相愛，互相分享，尊重地討論，孩子的受惠可能會比三個一樣理念的教養者還多喔！孩子可以清晰地學習到：「媽媽的原則」、

「爸爸的原則」、「阿嬤（保母）的原則」，就像在學習三種語言一樣。

也許你擔心教養觀念不一致，孩子將學會投機，運用此差異牟取私利？我的觀點是：

1. 只要媽媽、爸爸與阿嬤（保母）之間，可以坦誠地分享，彼此了解並尊重各自有不同的原則，平時能說說孩子在自己身邊時的故事，就不會讓孩子在教養差異間有投機的可能。

2. 若孩子在以上的情境下，能夠規劃並謀取私利，這也是一種訓練。

3. 當然，三人之間，在大原則下有一致的分寸，是最好的。

針對教養觀的差異，對孩子最重要的是大人間的和諧與彼此尊重。若大人之間能彼此尊重，在孩子心中這三種文化之間就能和諧共存（參考【自我與人我關係】，頁9）。若大人之間因教養價值觀而衝突或爭執，則孩子內在的多元文化也會形成衝突對立的關係。

回歸本質

本質，是很單純的生命力量。餓了就吃，渴了就喝水，累了就睡，脹了就拉，難受就哭，歡喜就笑，怕了就退縮，喜歡就靠近，恐懼就逃跑，渴望就表達，滿了就給予，心空了就能感受別人，感受到美麗就停步讚嘆！

這是孩子天生自然有的本能，你可以很容易地在嬰兒身上感受到；也可花點心思在幼兒身上看見這些動力。

許多孩童，他們經常失去與本質的連結。

他們餓了還繼續玩，渴了沒飲料不喝，累了哭不想睡，對憋尿無覺知，不一定每日解大便，難受就憋著或生氣，歡喜時忘了笑，怕或恐懼時身體緊張僵住不動，喜歡時表達出害羞，渴望卻乾望眼或沒有節制地索討，不知道需求有滿的時候，心很紛雜不易感受到別人，對身邊的美麗已經無動於衷。

這些孩子不能說是父母教養出來的，因為，大多數的大人，同樣與本質失聯。一個與本質有連結的孩子，保有與自然生命力的連結，如同嬰兒學走路一般，他們跌倒了會自己爬起來，對於世界有著好奇與熱情，對於人的情感有自然的同理心。他們與生命力旺盛地連結，學習是自然的傾向，什麼事情對他們而言都很有趣。他們帶著無分別的眼光看見世界，也無分別地接納世界。

成長的過程，也是學會區辨的過程，開始有了喜好與嫌惡，開始有了優與劣的分別，納入與隔離的選擇。這是一個認知建構與人格養成的歷程，也是人與動物很大的區別。這發展歷程需要細心呵護孩子的自然天性，猶如緩慢、精緻地烹煮，即使食物熟了，還依然保有其原味。但我們的教育經常過於急切，像是用調理包或過多調味料烹調一樣，食物最後吃起來幾乎都一個樣子，嚐不出原始的味道。

什麼樣的教養叫做細心地烹調？那就是聆聽孩子的心，看見孩子的靈魂，感受他真正的需要，而後給予。

現代的父母給得太快、給得太多卻未必是孩子需要的。

影響本質最多的，也許是以「不要讓孩子輸在起跑點」為口號的菁英理念。這些零至七歲的販賣教材，大多以視聽媒材和認知教育為主。孩子過早被輸入許多知識，靈魂被「規劃」了！

各式精緻的教育媒材，透過五花八門的行銷，打動人心。對教育沒有堅定主見的父母，很容易被說動而買下一大套教材。這些教材通常是以認知發展為主的東西，例如數學邏輯、英語學習的 DVD 等等，即使再精緻，若成為主要的學習重點，就忽視了零至七歲孩子的本質需求。

在人智學❶的理念裡，零至七歲的孩子主要發展任務在於他的身體、語言與意志力。七至十四歲的孩子則在發展情緒體，感受情感、品德與習性。

照這簡單的發展地圖來看，幼兒需要的是很多的生活體驗，人與人的真實互動，身體的協調運動，簡單和諧的遊戲，以及生活自理養成。學齡兒童需要的是感受的連結與情緒的聆聽，透過想像與感受，在人際互動中探索……而逐漸形成道德觀與培養出屬於自己獨特的人格特質。

認知教育不是零至七歲孩子的基礎需求，是父母基於菁英理念而想給予的。若讓認知教育取代了日常生活的基礎，讓視聽媒材填塞了孩子所有自由的空白，孩子缺少自發起動的獨立意志，而被吸入生動的影音想像世界，不僅會沉溺，猶如吃了調味料過多的零食，壞了在生活中自然學習的好胃口，過多的成人語言和信條，亦會讓孩子逐漸失去自然敞開的好奇心。

年幼的孩子需要的是回到生活的基礎：練習走路、吃飯、穿衣；許多的遊戲、進入想像力的律動歌唱；和父母一起煮食洗滌、經驗晴雨夏冬的韻律；孩子需要與鄰居互動，到農田街道探索這世界。很簡單的教育原則是：邀請孩子進入生活的基礎，放手並支持孩子學習參與生活，挑戰並刺激肢體的協調以及意志力的成熟。

進入學齡期的孩子自然必須進入學校的體制，這個時候父母的支持就是給予更多有感情的人際互動，聆聽孩子的內心感受，探討與理解孩子學校生活中的人事物，透過互動讓孩子知覺到品德與規範。

❶ 人智學（Anthroposophy），魯道夫史坦納（Rudolf Steiner）的世界觀，談論人的存在朝向靈性的知識。

更基礎的是，父母透過這一章的閱讀，反思自身對生活的選擇。是否也渴望回到一個更簡單的生活呢？

用質地良好的簡單衣著，取代時尚流行的裝扮。

多在家烹煮，採取以多重穀類為基礎取代以蛋白質為主的營養觀。

讓調味料重的零食退位，以水果或根莖穀類當作點心。

讓開水或自製的茶飲、蔬果汁取代大量的罐裝飲料。

讓電視生活不再是家裡的主位，而退到角落。

讓視聽生活被看管著，占生活的一小塊就好。

讓能刺激想像力的故事取代繁複的動畫卡通。

人際互動時多聆聽，緩慢地感受而不急著表達與八卦。

讓與大自然接觸的步行遊戲，加入生活圈圈。

述說家庭故事成為家中的聲音，少一些爭辯與擔憂。

讓孩子加入生活，分享家務，閒話家常……而不是服侍他然後推他去唸書。

於是，可以建立與身體的關係，吃食前感受一下肚子的飢餓度，真正餓了才吃，吃更有生命力的食物。感受身體，真正累了就休息，短短地即能恢復體能。感受身體對動的渴望，習慣地作一些平衡的律動或體操。

於是，可以建立與情緒感受的關係。對內在情緒有所覺知，能夠觀照它而無須宣洩或向外投射。能夠用有創意的方式照顧自己的情緒，而後單純幽默地與家人朋友分享。能夠感受到情感力量與熱情，在生活裡擁有充沛的生命力與豐沛的表情。

於是，可以建立與認知理念的關係。對自身的思考有所覺察，能捕捉到別人語言中閃爍的智慧或思路。並能敞開歡迎多元的思想，而清晰地選擇自己真正相信的理念，據之以行動。

於是，可以真的與人連結和互動。說話時可以彼此看見，心靈相通。

於是，可以感受到生活本身即是一種學習。好奇而歡喜地參與生活行動。

於是，當孩子覺察到自身需求會自然地滿足自己。當孩子遇到挫折時會有站起來的本能，遇到困難會激發挑戰的好奇心。遇到理念相異的他人可以敞開心試著了解，遇到情緒衝突的低潮時刻會撫慰自己並尋求人際連結。

最後，關於零至七歲的認知教育，我主張那不是一個目標，而只是提供一個遊戲的環境，重點是過程裡，包含溫暖的人際互動，以好玩親密為目標，而不以學習成就為方向。

至於電視，它在許多家庭已經成為保母的角色。讓孩子在電視前不動，於是父母可以安心完成家務或自己的事情。有時，在父母累極時，能有電視保母是一種策略，但若過度依賴，無意識地輕易打開電視，則會損傷孩子的靈性完整，讓孩子大部分時間進入被動思考，無人際互動的空乏，又無覺知。依賴電視的孩子以電視為精神食糧，但基本心靈卻是空乏的。因此，父母要帶著敬意與規劃的決心使用電視，而不依賴。

關於認知學習

孩子年幼時，心靈純淨如海綿，是學習吸收的好時機。而孩子的心靈，此階段需要許多的肢體律動以及人際情感的滋潤。

我主張，認知學習得伴隨著人際遊戲，帶有溫暖的互動和肢體的自由。

因此，坐在電視或電腦前的媒體教育，不能成為孩子主要的學習活動。

尤其，若依賴視聽媒材，當成保母或家庭教師，對孩子的整體發展有礙。

建議父母在使用視聽媒材時，帶有覺知，在規劃中占生活的一小部分，且保持與孩子的接觸（即使父母在一旁，靜默的陪伴都好）。

說謝謝

說謝謝讓這世界更美好，讓我們感受到存在的恩典。
許多謝謝，是你從來沒想過的，讓我來提醒你。

謝謝我的眼睛，讓我看見你。
感謝我的耳朵，讓我聽見聲音。
謝謝我的鼻子，讓我聞到味道，讓我能呼吸。
感謝我的舌頭，讓我嚐到好味道。
謝謝我的嘴巴，讓我能表達，能吃東西。
謝謝我的牙齒、肺、胃、手、腳、腿……
謝謝我的心，讓我有了愛。
謝謝地球，給了我們美麗的森林、浩瀚的海洋。

感謝天空，給了我們自由的白雲、明亮的陽光，以及美好的風。
謝謝大地，孕育出食物滋養我長大，
謝謝大地，平穩地支持我，讓我站穩腳跟。

感謝農夫，種米種菜。
謝謝麵包師傅，烘焙香噴噴的麵包。
謝謝眼前的食物，感激所有奉獻的生命。
感謝媽媽，煮東西給我吃。
感謝爸爸，陪我玩遊戲。
謝謝爸媽投入工作，賺錢維持我們的生活。
感謝爸媽，讓家裡舒適、乾淨又整齊。
謝謝妹妹這麼愛笑，讓我們很快樂。
謝謝哥哥這麼體貼，讓家裡感受到許多溫柔。
感謝老公專心聽我說話，讓我感受到愛。
謝謝老婆泡的好茶，讓我覺得享受。

謝謝昨夜的夢，為我抒解了壓力，為我喚起心中的想念。
謝謝我的直覺與創造力，讓我更感受到生命的驚喜。
謝謝我的困難，磨練我，讓我更茁壯。
謝謝我的生氣，提醒我，我多麼在乎；也提示我，我可以放下。
謝謝我的哀傷，讓我記得我的愛有多深。
謝謝我的疲憊，提醒我重新規劃時間與目標。
謝謝我的痛苦，讓我有了堅定的決心做改變。
謝謝神，你一直默默看顧與守護我。

說謝謝，表達感恩之情，是讓人生美好的仙女棒。
請讓它成為新習慣，請在孩子面前示範，請帶領孩子說謝謝。

技巧篇

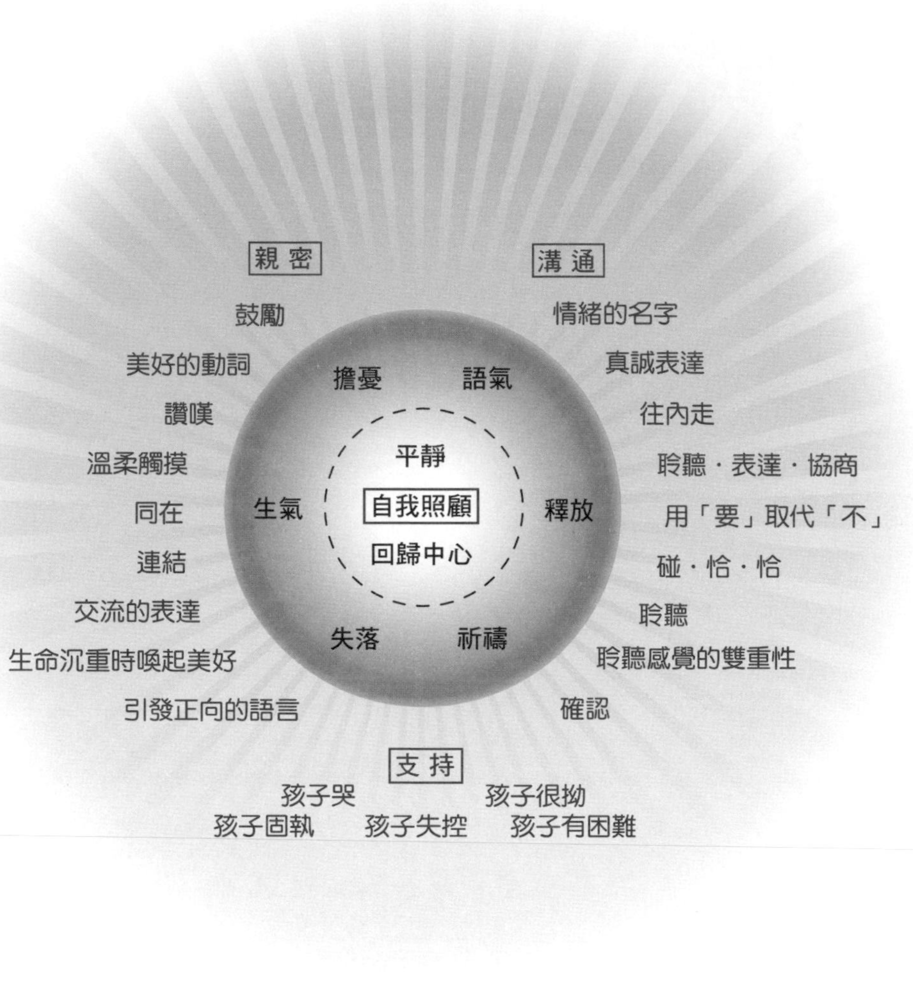
親密
鼓勵
美好的動詞
讚嘆
溫柔觸摸
同在
連結
交流的表達
生命沉重時喚起美好
引發正向的語言
溝通
情緒的名字
真誠表達
往內走
聆聽・表達・協商
用「要」取代「不」
碰・恰・恰
聆聽
聆聽感覺的雙重性
確認
擔憂
語氣
平靜
生氣
自我照顧
釋放
回歸中心
失落
祈禱
支持
孩子哭
孩子很拗
孩子固執
孩子失控
孩子有困難

/ 親子技巧・太陽 /

【自我照顧】

當父母心中充滿光與愛，
什麼親職技巧都不需要了。
照顧自己，是親職之路的第一步。

平靜

平靜是一種感染力，當混亂環境中有一個人維持在平靜的中心，他會成為感染力的中心，穩穩地讓環境裡的每個人，慢慢地回到原來的平靜。提醒一下，平靜不是「無感受」喔！平靜是「穩穩地充沛感受，即使感受起伏，最先的知覺，依然與平穩寧靜的中心連結」。

無平靜 vs. 平靜，可以這樣比較（見下頁表格）。表格列出二者的對照，透過這些具體的感官回饋，你可以逐漸將自己從無平靜的狀態帶回平靜的狀態。這裡形容的平靜，比較像是一種禪修，對人生抱以寬敞無固執的態度。

在孩子失去平靜，陷入趨避衝突或失控的時刻，父母若能讓自己擁有平靜，則平靜成為感染力，可以帶領孩子回到平靜的所在。促使我們回歸平靜。

無平靜	平　靜
人隨著心念走，極易變化	在隨心念移動前，先觀照並做決定
心隨著情緒動	心不動，平靜與情緒共處
容易被「過不去」的觀念卡住	明白被「卡住」，有意識地觀照並轉念
對肌肉的緊或鬆無覺知	肌肉鬆緊成為平靜與否的回饋系統
呼吸有時激動有時散亂	對呼吸保持覺知，自然呼吸
意識焦點有時被過去鎖住	覺知到過去的影響，釋放之
被對未來的擔憂綑綁了心思	活在當下，不擔憂未來
在意某個行為或話語	不只行為或言語，看得見「人」
在意別人怎麼看待自己	知覺別人如何看待自己，不執著
堅持某些完美的表現	允許自己犯錯
堅持別人一定要如何	允許別人此刻就是這樣子
感覺孤立不被祝福	感受到與人同在與被祝福

除了以上列表的具體方向之外，可以參考後文的【回歸中心】、【碰→恰→恰】、【美好的動詞】以及【溫柔觸摸】，這些都是交相增長的平靜技巧。

回歸中心

中心，指我們身體內流動的生命本質，一份超乎人格習性的連結。

回歸中心指的是意識與身體的聯繫，讓身心合一的覺知焦點。

回歸中心，是一般人在靜坐、禪修或靜心活動中，所欲達成的共同目標。

回歸中心，我們變得比較寧靜，能觀照到心念，不被慣性心念影響。

回歸中心，我們變得比較與感受同在，而觀照到感受，不會情緒化。

回歸中心，我們感受到內在有更大的空間，與經驗平靜共處，活在當下。

回歸中心，帶來一種專注而流動的開始，是創造力的開始。

回歸中心，讓我們準備好敞開，無論是與人連結或探索世界，好奇而新鮮。

回歸中心，最重要的是維持對「第一注意力」的觀照。讓「第一注意力」，也就是我們的「最先意識」落在與身體內在連結。能時刻保持感受、認知與身體的聯繫與流動。認知思考與身體知覺聯繫，二者源源不絕，觀照與生命流動相互輝映。

中心，粗略地說就是身體內部的幾個中心點。有人習慣回到心的中心，有人習慣回到腹部中心，有人會回到胃的中心（這裡指的不是軀體內的臟器感官，而是以身體為依歸的能量感受）。有些人，當我邀請他：「與你身體內在最寧靜溫暖的區域連結」，她會指她的頭部或雙腳，這是比較罕見的。建議剛開始練習回歸中心的朋友，先從主要軀體內的中心開始。

有些人，在我邀請他回歸中心時，當他將意識放在身體的某個焦點，他會開始感受到身體的情緒，類似痛、緊繃或哀傷。是的，這就是一種與生命河流的聯繫，只不過，此處生命觸碰到痛、緊繃或哀傷之處。平靜的本質就在他通過這些感受以後，慢慢恢復。

用一種不太緊也不太鬆的方式，保持一種如月暈般的覺知範圍，用意識覺知當成一種溫柔的觀照之光，觀照身體失去連結之處，慢慢地，你就能與這部位保持一份好關係，回到一種柔軟而敞開的覺知，讓生命力流過。也能感受到那蟄伏在苦痛、緊繃或哀傷下，寬敞而有力量的寧靜中心。

當然，若一開始對於碰觸身體內的緊繃或情緒能量有困難，而要練習回歸中心，可以選擇一個覺知起來更平靜的焦點。這也是一種選擇。

底下提供幾個回歸中心的練習：

□**數息**：將覺知放回呼吸，每當吐氣的時候數息，在心裡默唸：「吐氣一、吸氣一、吐氣二、吸氣二、吐氣三……」若發現分心，則再回到一重新開始。一直數到十，當完成十次專心的數息時，給自己一個祝福，例如：「每當我回到呼吸，我就專注而放鬆，回歸生命本質。」選擇一個中心當成焦點。

□**心呼吸**：將注意力放在心，感受到心的空間。每當呼吸的時候，想像心也跟著呼吸。當吐氣時，心也跟著吐出氣息而放鬆；當吸氣時心也跟著吸入能量而擴展。逐漸地感受到心與呼吸的協調，讓心成為你回歸的中心，就可以給自己一個祝福，例如：「我的心如蓮花盛開般美麗，讓我散發愛與芬芳，送給自己以及這世界。」

□**第二個心跳**：專注在身體，然後回到心，感受心臟的跳動（對初學者有些難）。當能感受到心跳時，慢慢地靜下來感受一陣子，感受那連結帶來的放鬆。於是將覺知擴展到身體其他部位，感覺看看，是否能在身體其他部位感受到另外的脈動，我們稱為第二個心跳。當你能感受到第二個心跳時，放鬆知覺焦點，選擇一個身體中心回歸，然後給自己一個祝福，例如：「我越來越放鬆，越來越歡喜，歡喜自己活著，歡喜生命力的躍動。」

□**有磁力的雙手**：這練習是幫助我們感受到身體的能量場。先摩擦雙手，直到雙手發熱，然後緩慢地鬆開雙手打開它們，將注意力放在雙手中間，感覺雙手中間彷彿有磁力。你可以來回靠近與遠離幾次，去測試磁力細微地強弱變化，當你能感受到雙手間的磁力之後，擴充整個覺知到全身，回到身體的安在，選擇一個中心，然後給自己一個祝福，例如：「我感受到雙手的敞開，以及流動的愛，我成為給予祝福的人。」

□三點集中法：這方法適合於習慣使用視覺的人。先安定坐好（站穩也行），打開眼睛在前方選擇一對視覺焦點，也就是兩個左右對稱的視覺焦點，用一雙眼睛同時注視這兩個焦點（平衡而同時注視，需要時間練習），當能夠感受到視野中的平衡注視以後，在身體的中線上選擇一個感受焦點（例如感覺自己的鼻子或兩乳中間），讓這三個知覺焦點同時存在，形成一個等邊三角形的知覺範圍。當這三點感受到平衡之後，放鬆整個覺知，回到身體中心，給自己一個祝福，例如：「我敞開我的視野，穿透事物的表象，看見埋在事物中深層的智慧。」

這幾個練習都來自《愛與生存的勇氣》（*The Courage to Love*）一書，是自我關係治療法創始人吉利根博士（Stephen Gilligan）整合東方修行與西方心理學，吉利根博士是我跟隨的老師，我所傳遞的，只是他智慧中的吉光片羽，他教導我們如何與困難失連的生命力重新獲得連結，回歸中心，則是最基礎的動作。

釋放

當我們「卡住」的時候，需要有覺知，並且作釋放。什麼是卡住，通常有幾個徵兆：也就是外在事情不順，與人無法親密，內在的意願與力量無法一致的時候。

覺知與釋放的對象包括兩個部分：情緒能量，以及詮釋觀點與信念。

情緒能量

□覺知卡住了

1. 卡住的感覺：

▲不容易【回歸中心】，不容易回到呼吸，不容易將注意力留在身體。

▲覺得不想面對，覺得平常的清明或彈性都消失了。

▲心浮氣躁很想發脾氣，或很冷漠，覺得孩子與自己無關。
▲重複的模式經常發生，無效行為反覆發生。

2. 若有上述二點以上的徵兆，就是卡住了，先暫停處理外在事物，為自己創造一個情境，來照顧自己的內在：

▲有時候，可以在親職現場，保持內在的覺知進行。
▲有時候，得請人照顧小孩，自己獨處十～二十分鐘。

□**覺知情緒的名字**

1. 先將意識焦點回到身體，感受身體的情緒，覺知腦袋裡的念頭。
2. 給情緒一個名字（參考【情緒的名字】，頁150）。
3. 若意識覺知的名字是自己此刻的，可以這樣說：「是的，我感到生氣」、「是的，我的頭有點緊繃」、「是的，我心裡有挫折」、「是的，我有些傷心」，這時候，身體會有更深的情緒連結感。或是，原本耽溺於情緒無法自拔的，會覺得更清明。

□**釋放情緒能量**

使用情緒穴道敲擊釋放情緒能量：

▲敲擊情緒穴道是能量心理學家根據中醫的經絡系統，歸納出來的幾個情緒相關穴道，我們用指腹輕輕敲擊，配合有覺知的呼吸，可以散去情緒能量。

▲若需要知道相關的確切情緒，請參考《學會情緒平衡的方法》(*Achieving Emotional Balance — The Path to Inner Peace and Healing*) 一書。

▲在此，我列出幾個關鍵情緒穴道，請按照圖片中的次序，一一用指腹（中指）輕輕敲擊（七下，或憑直覺決定）。

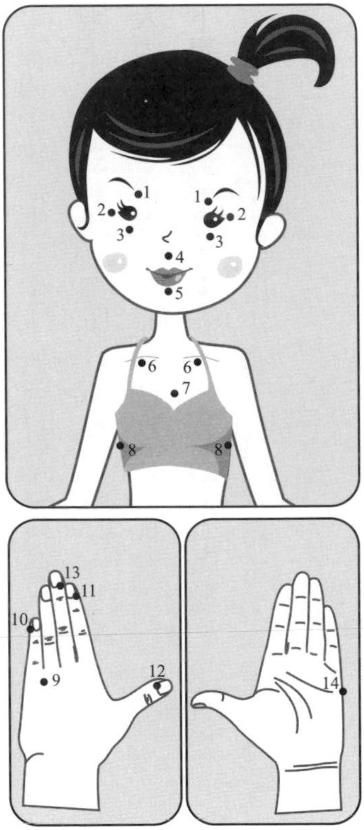

1. 眉頭（恐懼、不安、懷疑）：眉毛之開頭
2. 眼角（憤怒、挫折、急躁）：眼睛尾端
3. 眼下（擔憂、焦慮）：眼眶下方中央
4. 人中（壓抑、困惑）：上唇上方人中處
5. 下唇（壓抑、不安）：下唇下方與下巴之間
6. 鎖骨下方（不安全感、猶豫）：鎖骨下方凹處，靠近前方
7. 胸骨（哀傷、疲勞）：兩鎖骨穴道倒的等邊三角形的下方點
8. 胳膊下（低自我評價、依賴、絕望）：胳肢窩下方一手掌寬
9. 手背（受困、逃跑與戰鬥的反應模式）：手背無名指與小指手關節下方交叉處
10. 小指指甲根部（被觸怒、受傷害、被拋棄、失望）：靠近外側
11. 食指指甲根部（固執、完美主義）：靠近拇指側
12. 大拇指指甲根部（抑鬱、難過、失落、自責）：靠近手外側
13. 中指指甲根部（猶豫、困惑）：靠近食指側
14. 手掌外緣中點（自我排拒、自我對抗）：手腕與小指連線的中央

▲敲擊時，可以在心裡念：「我深愛並接納此時此刻的自己。」

詮釋觀點與信念

□釋放情緒能量

請練習上述釋放情緒能量的步驟。

□覺知引發情緒的想法或背後的信念

1. 問自己：「我對這件事情怎麼解釋？怎麼想？」
2. 問自己：「關於自己，我背後有什麼信念？」

□釋放信念

1. 問自己：「有沒有可能別人有跟我不一樣的解釋或眼光？」
2. 問自己：「這件事，我覺得無奈的地方，其實是妥協後的選擇？」

針對釋放觀點與信念，我們以實際的例子來練習。例如，發現孩子偷東西，心裡焦慮震驚，希望孩子認錯，但孩子一直不認錯。

▲卡住的詮釋：

1. 詮釋眼光：孩子偷竊、欺騙，孩子正在學壞。
2. 背後信念：一定要讓他承認、認錯，才能防止他繼續犯錯。

▲釋放的詮釋：
1. 孩子的偷竊是一種症狀，可能是愛的需求或權力需求不滿足（見【需求與核心需求】，頁47）。
2. 孩子說謊的動機是恐懼，害怕父母對他失望，想保有父母對他的愛。

▲新的信念：
1. 孩子使用物質來滿足某種需求，偷竊不是最源頭的問題，需要更深入了解。
2. 先建立關係才能支持孩子，讓孩子承認不是現在的重點。

▲從「無奈」到「我選擇」：
1. 非得讓他承認才行，但孩子一再否認讓自己很無奈。
2. 我選擇暫時放下「迫使孩子承認」這個焦點，回到信任的眼光，再伺機而動。

語氣

許多事情發生的時候很中性，它是災難或是幸運呢？常在我們的一念之間。非洲有個部落，他們遇到災難時習慣哈哈大笑，這是一種習俗，你不跟著哈哈大笑，是會違反習俗的。這習俗不同於重視禮儀的中國人，我們會很嚴肅地，在災難發生時肅穆，跟著皺眉頭，心中感到沉重，並積極地想辦法賑災。

冥想這兩個民族，是否有些根本差異？我相信非洲的部落，他們也會在行動上賑災的。不同的是，在第一瞬間的態度，他們哈哈大笑，而我們憋氣緊縮。這就是我要表達的重點，我們要學會一個新態度，就是在困難發生的時候，放鬆吐氣，盡可能讓自己敞開流暢。而哈哈大笑，是個好方法。

於是我開始在家裡做實驗，對於孩子童稚的小動作，例如把蠟筆拿到嘴巴吃，或把水潑到地板，不小心跌倒，或摔破碗，我和先生約定好哈哈大笑，而我們的笑引發孩子也跟著笑……。於是，全家在歡樂的氣氛下開始收拾災難：擦地板、掃地、站起來等等。

這小習慣讓我們家充滿活力，我學會更輕鬆地看待生活中的各種意外與挫折。這小習慣讓孩子也學會輕鬆，他們在輕鬆的氣氛下，學會為自己的災難負責，負責擦地板，負責倒垃圾……。我相信，這對孩子的挫折忍受度有幫助。

當然，這樣的孩子還是得回到我們的沉重文化中活著。當他上學，當他外出，他得學習在一片沉重肅穆中，展露他的陽光燦爛而又不至於讓人尷尬難堪，這需要對人有真實的關懷、同理心的敏銳，以及表達的自然流暢。我們讓孩子以哈哈大笑的態度作為第一反應，第二反應就是回到自己的心，問：「這情境有沒有我能幫忙的？」

哈哈笑帶來暢快吐氣，哈哈吐氣讓心中淤結的情緒釋放，是個促使身心健康的「語氣」。除了哈哈笑以外，還有些很健康的語氣，我在此推薦，若你喜歡，慢慢地讓它變成你家裡的次文化，可以養出健康的一家人的。

1.「噓——」（氣聲，不振動聲帶），生氣時使用

這是來自《能量醫療》（*Energy Medicine*）一書，釋放怒氣的方法。兩腳打開站好，雙手下垂。然後將雙手慢慢平舉往上直到貼近兩耳舉高，雙手握拳，然後忽然將雙手放下，打開手掌，讓雙臂掉落到兩大腿上。口中發出「噓——」的聲音。這可以釋放憤怒。你可以在生氣的時候，用這個語氣替代平日的叫囂或憋氣，甚至就是全力地將氣「噓——」出來。注意，別對著人「噓——」，會將負向能量吐到別人身上。朝天空，朝一個無人方向，「噓——」出你的怒氣，給自己一個放鬆的身體，清空的腦袋，你會發現，原來沒什麼好生氣的。而是當遇到麻煩時更需要力氣來面對呢！

2.「嘶——」（氣聲，不振動聲帶），釋放哀傷或釋放心痛的聲音

當你覺得難受，當你覺得一下子心痛，你可以眼皮下垂，讓眼珠子往下（這可以幫助你接觸到內在沉重的情緒），讓上下牙齒稍微打開一點縫隙，將情緒能量用「嘶——」的聲音，釋放出來。釋放出來後，記得把眼珠子轉一

轉，不要停留在下垂位置，可以喚起不同能量的感受。帶著覺知這樣做，把情緒能量釋放出來，也是個健康的法則喔！

3.「哇嗚～」（有振動聲帶的聲音），震驚、驚奇或驚喜時使用

生活經常會有出乎意料的情境發生。讓人驚嚇或震驚的情境，常會讓人吸氣而不吐氣。這一自發的動作會帶來能量的中斷，就像是吸管吸水不順的時候，中間有一段中空一樣。若我們沒有立即帶著覺知把氣吐掉，就會有驚嚇的能量狀態。刻意而覺知地發出「哇嗚～」的聲音，幫助我們將中斷的能量連結起來。這聲音也會鼓舞人際情境，聚集注意力。讓大家的意識焦點，集中到你所強調的地方。若是驚喜的好事，這是很棒的鼓舞。

生氣

常生氣的父母心裡有長年累積的挫折；挫折的源頭通常不只是孩子，孩子的行為只是壓垮駱駝的最後一根稻草。挫折的父母源於想掌控人生的成就與意義而不得，於是對於同樣難以掌握的孩子發脾氣。

常生氣的父母有許多不滿：生活的沉重與疲於奔命帶來不滿，情感的空虛無意義帶來不滿；童年的失落尚未釋放帶來不滿……。這些不滿雖真實但無力改變。而孩子的行為不如人意，或麻煩黏人則變成最迫近的壓力。父母努力想要掌控孩子，孩子反擊以更複雜的行為模式，讓無助的父母最後以生氣收場。

生氣時的自我照顧就是——〈暫停〉，離開親子管教現場。

可以真的離開：「我需要休息一下，我要坐到窗口（甚至是浴室）安靜五分鐘，喝杯茶再回來。」或只在目的上離開：「我生氣了，不適合管教你，等五分鐘我平靜了再繼續。我們先聊聊別的吧！」父母可以在暫停時，練習【平靜】或【回歸中心】。

這〈暫停〉不同於傳統的親子實務中的〈暫停法則〉；父母名正言順地說出自己的需求，為自己的平靜負責。而不是讓孩子覺得因為惹父母生氣了所以要被關在房間暫停。也因為父母經常示範：「生氣的人離開現場讓自己平靜再回來」，於是，在孩子年紀大些時，家裡可以有個默契：「生氣的人找個舒適的椅子讓自己平靜後再回來」，這作法呈現了「為自己生氣負責的方式，就是照顧自己，讓自己回到平靜舒適，再回到溝通現場。」

生氣的父母需要檢視自己未覺察的擔憂或失落。當這兩種情緒能照顧好，挫折感就不會經常被激發，也不會經常頻繁地生氣。擔憂與失落可以說是父母憤怒背後的源頭。

位於腳掌的太衝穴❶，可以釋放生氣的能量。每日睡前或生氣的時刻，為自己按摩揉捏，可以釋放累積的憤怒能量。壓的時候如果會痛，則更認真用力反覆按摩之。太衝穴位於腳大拇指與腳食指交叉處，延伸兩個大拇

❶ 此方法參考《人體使用手冊》，作者吳清忠，達觀出版。

指指節長度，也在兩腳趾骨交叉的地方。長年累積的憤怒能量，也可以透過雙腳浸泡熱水（水溫約四十二度開始浸泡）半小時來排除。

擔憂

擔憂是許多父母的常態，擔憂教育環境，擔憂升學壓力，擔憂孩子玩電動……無止息的擔憂。

擔憂反映了父母對於孩子「應該如何」有個特別的圖像與期待，擔憂反映了父母的眼光不全然看見孩子的此時此刻，而在背後放著一個標準比較著。

擔憂反映了父母害怕孩子受苦，對於孩子命運的各種可能有清晰的偏好。

擔憂反映了父母對於多變多苦難的人生，還有一種想要掌控的慾望。

擔憂帶來什麼影響？

擔憂帶來很多的努力……但未必有效。

擔憂帶來一些壓力……減少一些快樂與輕鬆。

擔憂帶來無法對孩子真心讚嘆……孩子會覺得，好像怎麼努力，父母都不夠滿意。

擔憂無形中加重身為父母的重擔，增加心的喧擾，減少父母心中的甜美。

擔憂分成有用的擔憂，與無用的擔憂兩種。

有用的擔憂提醒父母，行動的急迫性以及方向；有用的擔憂會在行動進展時迅速減低與消失。

無用的擔憂反映了父母心中的陰影，無用的擔憂出自於父母掌控的慾望，出自於父母想要掌控孩子減少受苦。

無用的擔憂，似乎永無止境，即使行動有些進展，父母還是有下一步的新擔憂。

擔憂變為父母認領父母角色的一種習慣，彷彿愛與擔憂緊緊相連。

無用的擔憂反映出父母心中對自身人生不夠圓滿的嘆息！

父母即使表面上功成名就，安穩幸福，但都是在某種壓力下撐著。或者父母尚未完成自己真正的夢想，對人生的未完成期待轉移到孩子身上。無用的擔憂反映父母將能量過度放在孩子身上。

讓心思回到能讓自己懷抱好能量與精力充沛的事情吧！

留意你的擔憂，別讓它束縛你。若你的行動無法減低你的擔憂，表示你的擔憂有某種精神官能的特質，表示你可能正透過防止孩子受苦的方式，阻撓孩子的成長。

覺知你的擔憂，用穴道敲擊釋放它。

你可以做的是，敲擊眼睛下方正中央的擔憂穴道，並【釋放】你的恐懼。

不要把能量停留在擔憂上，覺察到擔憂之後，用下列的正向眼光看見：

▲謝謝老天，我感受到此刻自己活得充沛。
▲謝謝老天，我感受到對孩子的愛。
▲謝謝老天，我覺察到擔憂是我的習慣，我願意放下。
▲謝謝老天，我看見孩子的優點是……
▲謝謝老天，請讓我把焦點回到當下，看到孩子的正向。

失落

失落是心理學用來形容情緒的用詞，指的是失去生命珍寶而哀悼的心。例如失業、失戀、失親、夢想破碎、被背叛導致對人性失去信任……。這些情境的混雜心情，我們經常用失落來形容。若仔細描述過程中可能有的情緒細節，大致有：驚嚇、憤怒、挫折、失敗、失意、受傷、哀傷、無力、痛苦、無助、擔憂、焦慮等情緒。未必每個失落事件都會有這些情緒，視事件發生的歷程而改變。

幸好，重大失落不會經常出現。但我們在日常中會有的則是小小的期望落空、小小的挫折、無覺察的憤怒或失意、短暫的過不去與失去耐心，或擔心受困。例如：

□期望孩子早點睡，自己睡前能看一片DVD，結果孩子卻一直鬧到深夜。

□精心設計的晚餐，期待全家驚喜歡呼，結果家人沒什麼反應，後來還鬧得不歡而散。

□期待加班可以領加班費，結果公司改變制度，期待落空。

□孩子是你心目中的完美孩子，今天老師卻說孩子在學校偷竊。

□早上醒來照鏡子，發現多了魚尾紋，或發現體重上升，腰圍增加。

這些小事，通常只要一點時間調適心情，就能過去了。生活的挑戰卻常在我們尚未調適好前，發生了壓力事件，例如孩子的吵鬧、家人的冷漠等。這種時刻，通常因為內心的小小失落沒有處理好，而導致溝通無效，失去親密，甚至點燃怒火，莫名吵一架。因此，我們需要對生活的小失落有所覺知，回歸內在，專心地放下並調整好自我狀態，才不會產生連環的挫敗感，導致更強烈或持久的情緒低潮。

當生活的小失落發生時：

□跟家人告假五至十分鐘，說你需要照顧自己。

□關掉手機，找一個安靜或角落的空間，讓你可以舒適地坐下。

□清楚認知發生什麼事，可以用以下的自我對話開始：

「是的，原來我期待……現在的情境不一樣。」

「現在我要面對的是……」

□專注地【回歸中心】並使用【釋放】技巧釋放自己的情緒能量。可以跟自己說：

「即使……，我依然深愛並接納自己。」

「即使我現在不能接納……，我願意朝此方向前進。」

□若可以，看看除了小失落以外，依然存在的正向與美好。

「是的，我看見……，這讓我感恩。」

「是的，我要謝謝我們擁有……。」

最有力量、最能感受到能量充沛的認知形式是：「接納此時此刻的真實」，小失落讓我們執著在失去的期待中而偏離當下的專注。以上的練習就是「放下期待，接納此刻的真實」的方法。

神奇的宇宙，會回應我們的能量充沛。塞翁失馬焉知非福，而福氣往往在真實接納時已經開始醞釀了。

祈禱——請求祝福

面對壓力最好的態度有二：一、接納現在無法改變的；二、對於可以改變的，積極行動。

接納說起來簡單，做起來困難。我們經常將精神放在無法改變的事實，甚至因為卡住而產生了更複雜的情緒，因而無力去做應當的行動。而祈禱是我們可以學習的好方法，來幫助我們面對無法改變的事實。

對於無信仰的人而言，祈禱是個新名詞，若將祈禱一詞改成「請求祝福」，能讓你更有共鳴也無妨。「請求祝福」，意味著相信除了人力之外，宇宙間還存在著一股更大的善。這股善的力量，可以透過我們誠心請求而與我們聯繫，給予我們祝福。對於宇宙間這股善的力量，不同民族或不同信仰的人，分別用不同名字來稱呼：

老天爺、上帝、耶穌、佛、菩薩、度母、媽祖、三清祖師爺、宇宙、存在、天父地母、潛意識……

除了潛意識以外，無論你如何稱呼，這些名字都有一個與意識連結的外在源頭，可稱呼為神或存在於宇宙間，更大的智慧，更大的愛與善。而潛意識是相信我們內在潛意識有一更深的智慧，在超個人心理學(Transpersonal Psychology)裡用「大我」(self)，或「更高的我」(higher self)來表示。

祈禱，就是呼喚這更大的智慧，並將困擾交託出去。

祈禱的過程，可以用三個階段來呈現：

1. 就已經發生的事實說謝謝。
2. 將目前的困難講出來並請求支持。
3. 列出所需要的支持，越具體越好。

●例如：孩子高燒不退，能做的都做了，可以試著這樣祈禱：

1 親愛的神，謝謝你的臨在，在此聆聽我禱告。

我的孩子正發著高燒，我了解這是他身體的免疫作用的過程，是他身體針對發炎或病毒入侵的現象，正在朝向健康的奮鬥。

2 親愛的神，我的孩子失去了他的精神與食慾，他夜半啼哭的聲音透露了他的痛苦，而我的心也擔憂著，心疼孩子的受苦。

3 親愛的神，請您用您的力量，支持我的孩子更舒適地完成這過程，將病毒排除，或將細菌消滅。也請您支持我在心疼與無助時，能回到我的平靜與力量，給予孩子最好的照顧，並在需要做決定時，做出最明智的選擇。

●例如：孩子經常流連網咖，你擔心他遇到壞朋友。

1 親愛的宇宙，謝謝你的存在，讓我們得以活在您的懷抱，擁有物質並過著舒適的生活，在知識上有所成長並擁有許多快樂和幸福。

2

親愛的宇宙，最近我的孩子進出網咖頻繁，他在裡頭找到他的樂趣，結交朋友，獲取成就感。

親愛的宇宙，身為父母的我難免擔憂，孩子會結交到壞朋友，致使孩子逃避人生的責任，而以享樂與舒適為主。我也擔心孩子會偏離一般人發展的軌道，疏忽學校的課業，作息不正常，而身心失去平衡，無法在學校有學習的樂趣。

親愛的宇宙，我了解，事情的背後，都有來自宇宙的祝福，或彰顯了孩子與我需要面對的功課與學習。

3

親愛的宇宙，我依然需要您的祝福，請求您看顧我的孩子，讓他在心裡知曉他的人生方向，讓他有勇氣面對人生真正的挑戰。支持他能解除對虛擬世界成就感的依賴，讓他與真實世界有更多好品質的聯繫，對學校功課的學習產生越來越好的興趣。

親愛的宇宙，也請讓我有更大的智慧來了解孩子，有一顆更柔軟開放的心來接納孩子在這過程裡的每個面向。

● 例如：老師說孩子有過動等注意力缺失的情況，你已經帶孩子去評估，並擬定好做治療。這時候，你也可以祈禱：

1 菩薩，感謝您慈悲的願力，在我困苦的時候，總是陪伴我渡過。

2 菩薩，我的心有苦、有害怕。從老師以及醫生的診斷，說孩子有學習障礙，還有過動的傾向。菩薩，我已經做到我能做的，其他我做不到的，我想把它交給您。

3 菩薩，請您用慈悲的光照耀，讓我的孩子遇到有愛心與智慧的治療師，讓這治療師帶著我的孩子，重新學習他的心智以及渡過情緒上的障礙。菩薩，請求您的慈悲支持，讓我看見我能為孩子做的，若我有需要改變的生活習慣，或與孩子的對待方式，也請您讓我更有智慧去學習與改變。菩薩，請您的慈悲祝福，讓我們在這過程裡，充滿感恩與愛。

透過以上的三個例子，你是否體會到祈禱的感受，而有動機試試看呢？祈禱，是學習大愛的過程，大愛指的是無私的愛，放下私人的評斷標準，無論如何都接納的愛，大愛讓我們感受到宇宙萬物的一體。

孩子跟了我們，自然會活在我們能給予的格局裡，但祈禱，讓我們擴展更大的格局，練習用「無私的心」來愛孩子。於是，我們能學習到如何「無條件地接納並深愛自己與孩子」，因為，我們相信存在的力量，作為背後的靠山。

【溝通技巧】

這些溝通技巧你剛開始可能會不習慣……
逐漸地，當你習慣並擁有之後，
在與人接觸上，
你會成為一個有魔法的人。

碰↓恰↓恰

「碰↓恰↓恰」是華爾滋的韻律，「碰↓恰↓恰」～「碰↓恰↓恰」迴旋出美好的兩人舞步。我用來隱喻人際互動的舞步，「碰↓恰↓恰」～「碰↓恰↓恰」聯繫出美好的連結。

「碰↓」是讓自己回到中心，
「恰↓」是敞開心與對方連結，
「恰」是進行關係中的任何互動。

舉例來說：當孩子疑似說謊，無法解釋書包裡的新玩具是怎麼來的。這時候父母需與孩子溝通，但這溝通得放在「碰↓恰↓恰」的「恰」，也就是舞步三。若沒有走穩前面兩個舞步：「碰↓」與「恰↓」，第三步的「恰」

是很難流暢進行的。所以，父母首先得回到自己的中心（參考【回歸中心】，頁91），敞開心與對方連結（參考【連結】，頁172），在兩人有所連結的場域裡，父母可以感受到雙人關係，於是可以進行「恰」。

拿上面孩子疑似說謊的例子來看，父母可以試著對孩子這樣說：

「孩子，看著你，我的心感受到對你的愛，但我的腦袋有困惑，我懷疑這玩具的來歷是否正當？我想請你真誠表達，告訴我這玩具的來源。」

在有連結的關係場域裡，「是否說謊」被放鬆了，「連結與了解」成為焦點。

孩子的爭辯或否認，都會讓父母的心混亂，於是你可以再次回歸中心，再次敞開，接納孩子的現況，說：「孩子，我的心平靜了。」這時候，「要求坦白」被放鬆了，支持自己回歸中心與支持孩子的力量成為焦點。

也許孩子還是決定避開，所以這麼回應：「爸，我現在不想說。」那我們可以再次碰觸自己的內在，依然向孩子敞開地說：「好，我接受。雖然我心裡有些失落，但我可以先放下我的期待。我的困惑與懷疑沒有解除，有機會你願意敞開時，我就更能支持你。」

以上這些句子看起來很舞臺劇，不似日常生活的句型。但在我家是真實發生的，也許白話一些：「喂，兒子，媽媽愛你，但還是很好奇，你可以說說這新玩具的故事嗎？」「心很亂喔，你的心現在看起來亂七八糟耶！沒關係，看看我能不能用我的平靜支持你。」「嗯～還是不想說是嗎？好吧！我的困惑自己處理。沒關係，兒子，你的心我還是能感覺到。媽媽也還是想要支持你，等你準備好，再來找我吧！」

在這個溝通例子裡，親子間有「碰↓恰↓恰」的默契。也就是「碰↓恰↓恰」不只是父母與孩子溝通時使用的舞步。這也是家庭裡大家有默契的舞步。平時練習「碰↓」的回歸中心，與「恰↓」的連結，都是一種默契。在重要關鍵時刻，要溝通複雜的事物，就能依舊保持與心的連結，並能創造關係連結的場域。

第三個舞步「恰」的重點，在於將焦點放回此時此刻。

「恰」所選擇的焦點，都會是當場最活生生的焦點，是一個能創造連結與支持力量的焦點。若我們沒有進行「碰↓恰↓恰」的步驟，在上述的例子裡，通常會陷入一種非當下的焦點，父母執著於找出孩子是否說謊，孩子反而因為父母的執著而無助地繼續否認。這時溝通失去了韻律與舞步，變成一種無結果的拉扯與掙扎，徒然傷害關係與力量。

我們再舉一個例子作結束。

例如：母親要與未婚懷孕的十八歲女兒溝通。

女兒：「媽，我懷孕了。」

母親（深吸一口氣，震驚）：「讓我先回到中心，深呼吸，我得先照顧好我的震驚……（等待自己回歸中心，並向女兒敞開）嗯！我聽到，也知道這個事實，就是妳懷孕了。女兒，我看見妳雖然傷心，但眼神好堅定呢！」

女兒：「媽，我們想要結婚，生下這個小孩。」

母親（調整內在平靜，慢慢呼吸）：「女兒，我聽見妳的想法，這好像是你們倆共同的決定，是嗎？我想知道你們倆怎麼討論出這個決定的。」（由於回歸中心，母親能平靜地感受內心想干預的衝動而不行動，依然敞開聆聽女兒，這讓局勢可以往前，兩人在此議題的溝通關係可以更穩固地建立）

女兒：「……雖然我們都還在唸書，但我們倆很相愛，小生命既然來了，就決定要生下來。」

母親：「我很感動，你們相信彼此的愛，也準備好承擔所有未來的轉變，還有接下來的壓力和挑戰，是嗎？」

女兒：「其實……我也好怕喔！我根本不敢想同學們知道了會怎麼看我。還有我們也沒有足夠的錢來養小孩。甚至，我也還不想要結婚，我還想要享受人生呢！」

母親（再度回歸中心，朝向女兒敞開）：「女兒，我感覺到妳的堅定，也感覺到妳的慌張和無助。遇到這種事情，生命所有複雜的面向一下子都湧出來了。先讓媽媽好好抱抱妳……（兩人擁抱，母親與女兒都落淚），媽媽好心疼，一時之間，也不知道怎麼辦呢！」

這樣的對話，也許還是平靜地超乎想像，但是否感覺很有力量？

遇到重大時機，請用「碰↓恰↓恰」創造一個可以與力量連結的對話空間。而這「碰↓恰↓恰」的默契，得從生活小事開始呢！例如孩子打翻水、孩子說話很衝、孩子打了妹妹、孩子不想道歉……記得先回到中心，記得朝向孩子敞開，在人與人的聯繫下，開始行動。

聆聽

所謂聆聽，就是積極地聽，暫時不表達，用鏡子的形式存在於說話時空。當孩子說什麼，你就像鏡子一樣反映出孩子所說的，讓孩子聽到並感覺到被聽見了，而且有機會確認自己的心意或想法。

聆聽看似消極，似乎父母沒有表達自己的看法，卻能產生下列積極的目的：

□促使孩子了解自己，了解深層內在。
□父母得以透過孩子的眼睛來看，用心來體會。
□促使孩子學習表達內在（包含情緒、需求、想法）。
□在聆聽互動中，親子間會產生一種連結感，足以面對各種衝突與變化。
□一連串的聆聽，孩子的心會產生許多「是的」，這會帶領孩子逐漸回到寧靜。

□父母在一連串聆聽後會跳脫平日判斷的習性，使得在處理孩子問題時，擁有產生超越對立的創造性點子。

□父母真誠的表達，能建立一種真誠關係的基底。

聆聽孩子的步驟如下：

1. 父母先在心裡做一個決定——至少完全聆聽孩了五分鐘。在這五分鐘，不急著表達，不急著解決問題，就是使用聆聽來了解孩子真正的心意。

2. 父母讓自己回到內心平靜的感受（也包括外在時空的調整，例如有個舒適的姿勢，關手機五分鐘……）。

3. 父母用以下的句型來回應孩子說過的話，讓自己像鏡子一樣即可：

- 「你的意思是說……，是嗎？」
- 「你那時候心裡想……，是這樣嗎？」
- 「我聽見你其實在乎的是……，我聽對了嗎？」

- 「我感覺到這裡你有個重要的需求，你需要……，是嗎？」
- 「你感覺……，是嗎？」「……讓你覺得……，是嗎？」
- 「你想要……，是嗎？」
- 「你一方面覺得……，同時又覺得……，是嗎？」
- 「你有兩個想法，它們是……和……，而你又覺得很衝突？」
- 「你想要……又想要……，但你又認為不可能同時要到，是嗎？」
- 「你心裡這樣想……，所以產生了這樣的感覺……，是嗎？」

4. 句型後面的「……，是嗎？」，是與孩子核對的功能，核對很重要，若聽錯了也沒關係，再來一次就好。
5. 父母處理兩個孩子的紛爭，也可以用聆聽的技巧，像鏡子一樣反映：
- 輪流反映個別的狀況。
- 反映兩人之間的人際互動。

聆聽時間的建議

1. 五分鐘是建議，對六歲以前的孩子而言，五分鐘差不多。孩子年紀越大，處理的情境越複雜，越需要更長的時間。
2. 聆聽不是溝通的全部，只是其中一部分，請參考其他的溝通技巧。

聆聽感覺的雙重性

人們心裡有糾結，通常是有雙重感受的時候。

「你想繼續跟表哥玩，又想回家，是嗎？」

「你一方面很喜歡這份禮物，一方面又害羞，不想表現得太喜歡，是嗎？」

「你生同學的氣，也想跟他和好；你希望他先來跟你道歉，但你又等不及想早點跟他說話，他卻遲遲不主動理你，你更左右為難了，是嗎？」

「你心裡知道偷東西會惹爸媽生氣，因此壓抑了好幾次沒拿。但是你太想要同學的東西了，所以還是偷拿了。是嗎？」

「拿了以後心情既放鬆又緊張，想起爸媽，心裡有些罪惡感，是嗎？」

「這罪惡感讓你很難受，於是你轉而對爸媽生氣，決定要說謊，是嗎？」

看看以上的例子，是不是呈現了孩子內在複雜的細膩轉折？

由於孩子經常無能力協調內在衝動的野性以及社會規範之間的落差，加上父母早期對孩子的慾望與情緒缺乏良好的支持，使得孩子的感受經常具有「又……，又……」的雙重情緒。似乎他們的大腦與心，或是自我與靈魂之間，經常需要協調。

我們在聆聽孩子的感受時，若能留意感受的雙重性，將兩端的感受都聆聽並反映出來，有助於讓孩子覺察內在的雙重性，一旦有覺知就順暢多了，而不會陷入衝突或不確定感，於是孩子可以誠實無懼地進入自己的內心世界。父母聆聽出孩子感受的雙重性，有助於孩子釐清自己真實的渴望，以及協助孩子統整與做選擇。

確認

我經常看到父母用長篇大論教導孩子。事後我問孩子，你記得剛剛爸爸教你什麼嗎？孩子通常回答：「不知道」或「不記得」。孩子的認知理解框架，與大人很不同。因此，在說道理或交代事情時，最好將【確認】的技巧放到溝通裡。

例如：一位父親對孩子說：「剛剛鄰居跟你打招呼你都沒有回答。你知道阿祖最重視什麼嗎？那就是要有禮貌。爸爸小時候，如果沒有跟鄰居打招呼，我的媽媽也就是你的阿嬤，會很溫柔地跟我說不可以，我的阿公也就是你的阿祖，可能就會罵我。他們兩個方法不一樣，可是都教我同一件事情，那就是要有禮貌。爸爸跟你說，我不會很溫柔也不會罵你，但是剛才我看到鄰居一直問你幾歲，你不說話的樣子讓我看得很生氣。」

這篇教育臺詞太長了，孩子無法吸收。若我們換成與孩子【確認】的方法，會是這樣：

父親：「兒子，剛剛我們坐電梯的時候，你知道鄰居問你什麼嗎？」

兒子：「知道啊，他問我幾歲。」

父親：「你那時候都沒有說話對不對？」

兒子：「對啊。」

父親：「爸爸剛剛心裡著急你不說話，當鄰居問很多次，你還是沒有看人家的時候，我還有點生氣呢。你知道嗎？」

兒子：「我知道啊。」

父親：「爸爸希望以後，當別人跟你說話的時候，你要看著他而且要回答。」

兒子：「為什麼？」

父親：「如果我們要跟鄰居相親相愛，我們就回應他的問話，就像如果你跟我說話我會回答你，這表示我重視你。」

兒子：「可是我剛剛在想卡通的事情，我有在心裡回答，只是沒說出來而已。」

父親：「真好，你回答了，只是你沒有說出來，鄰居沒聽見對不對？」

兒子：「對啊。」

父親：「那你記得爸爸希望你什麼嗎？」

兒子：「就是要回答。」

父親：「在什麼時候？」

兒子：「在別人問我話的時候。」

父親：「嗯，這是爸爸重視的，我很高興你聽見了。」

……

無論結果是什麼，溝通的意義在於互動。

每一次一來一往，確定孩子有聽到，並且在脈絡中互動，這樣的互動能確認資訊在孩子心裡一步一步地建構，一點一點地被吸收。

確認，一直是聆聽的步驟。

當父母詢問：「孩子，我看見你嘟著嘴，你生氣了嗎？」

孩子就有機會說：「沒有，我只是在想事情而已。」

「原來是想事情，不是生氣。這件事讓你有點緊張嗎？」

「對啊。」

這就是確認，你一句，我一句，確保兩人在一個互相了解的狀態。

有時候，孩子說了一大串：「媽媽，我們學校有一個同學沒有來，他們家好像要去美國了。以前我在圍棋課的時候他有跟我一起上，現在圍棋課只剩五個同學了……。」

這時候，我們可以跟孩子確認：「你是說，圍棋課少了一個同學，因為他們家要去美國，以後這個同學不會來學校了，你要說的是這樣嗎？」

孩子聽到媽媽的回應後，可能會回答：「我心裡有點想念他。」

有確認的對話，讓話題可以更進一步，無論是往前進，或往內心更深處走去。說話的東西被確認後就覺得很安心，若同一話題有未竟之言，就會繼續被說出來。

確認對幼兒而言更重要，因為它讓幼兒擁有一個明確的溝通，他們能透過來回確認，明確地用語言定義人際往來的溝通，長久下來，對幼兒語言認知發展的明晰有幫助；另一方面，幼兒能從大人的回應語言中聽到自已說過的話語，這樣的反映與確認，讓孩子有確定感，對培養孩子清晰有覺知的意識或自我肯定感上，都很有幫助。

若需更完整的訊息，請參考【聆聽】。

真誠表達

真誠表達的核心哲學是，「重視孩子具備成熟個體的潛能，即使他們的身體與心智皆在發展中，但孩子的確有一完整的靈魂」。真誠表達能與孩子的靈魂產生最完整的聯繫，尊重孩子的主體性，也能促使孩子尊重他人與為自己負責。

真誠表達，對父母而言，有幾點迷思，釐清如下：

□真誠表達不是坦露祕密，父母的過往，父母工作上的困難，父母的親密關係，孩子不需知道（細節），父母保有自己的祕密，是維持一健康的層級關係所需要的。

□真誠表達不是粗魯而無修飾。真誠表達的心意是，「我信任你夠成熟，所以我表達自己的內在，這是為了促使我們互相認識，也是為了讓你明白，父母是一個活生生的真人，而不只是一個形象或角色」。粗魯而無修飾的坦露，比較像是一種宣洩，它帶來一種關係的震驚與斷裂。

□「洩憤」與「表達憤怒」是不同的。「我對你生氣極了」可以洩憤也可以是表達。關鍵在於表達者內心是否維持平靜，是否能照顧好自己的憤怒。當表達者內在最深處是平靜的，能接納並平靜與憤怒相處，並保持對自己的珍愛感，就能給出一種「我分享我的憤怒讓你知道」，而不是「用憤怒來傷害或控制你」。

真誠表達的步驟如下：

1. 做一點【回歸中心】的練習。讓自己在一個平衡狀態下。即使經歷方才的憤怒、受傷……，也都將它們放到內在的平靜之中。
2. 在心裡提醒自己，「真誠表達是為了表達信任，信任對方的成熟，與信任關係中愛的基底」。
3. 回到自己的內在，找出與孩子互動中最關鍵的自己。
4. 用以下的句型表達：

▲「當你那樣做……，我的感覺是……」

▲「媽媽（爸爸）最想要的是……」

▲「在這裡，我覺得……，我的需要是……」

▲「當你……做的時候，我是這樣理解的，你聽聽看……」，「你能說說你怎麼想的嗎？」（這裡澄清兩人對事件的詮釋不同，真誠表達配合聆聽技巧，交互使用）

▲「我喜歡你……，同時我也想讓自己……，讓我們一起來想辦法。」（當兩人有需求對立時）

▲「我聽到你的想法……，我的想法是這樣……」（面對年齡較大的孩子，先使用聆聽技巧，再澄清兩人想法的同與異）

▲「我很願意支持你，我能支持的是……，我不能支持的是……」

▲「在這裡，我對你的期待是……」

▲「當你……做的時候，我不同意。而我心裡還是能感受到對你的愛。」（請真誠，若無法感受到對孩子的愛，千萬不要這樣說）

▲「我不能接受你這樣做……，理由是……」

真誠表達的目的在於溝通，建立信任關係，以及展現自己的主體性。這是雙向問題解決的基礎，有了信任的溝通以及二者皆感受到主體性的基底，問題解決就變得容易多了。

孩子透過父母的真誠表達，開始能體認到，父母是個有感受、有需求的真實個體，而不是原先那個「無所不能，非得供應我一切不可」的完美想像。

當孩子能認識到父母的限制，能聽見父母的需求……孩子就開始學習體貼。當孩子能聆聽到父母的想法，意識到自己也可以有自己的想法，每個人得為自己的想法負責時，孩子已經走在獨立自主的道路上。

聆聽→表達→協商

一個人很自由，但要學習獨立；兩個人很甜蜜，但要學習協商；三個人很熱鬧，但要學習討論。這是我眼中一、二、三人的世界中，大人互動組成的關係。

小孩呢？一個小孩無法獨自生存而要被照顧；有大人照顧的小孩就能生存，但要學習感恩；有了父母呵護的小孩很幸福，但要學習敬重。

大人與小孩呢？一個大人很自由，但要尋找生命意義；獨自撫養小孩的一個大人責任重大，但要學習自我照顧；與配偶一起照顧小孩的兩個大人很平衡，但要學習協商彼此的價值觀差異，在差異下能和諧相處。

生活帶著我們成長，其中的核心步伐就是：「接納→學習」，也就是「**接納已經發生的，透過學習來面對挑戰**」。在親子教養的議題，要面對的關係有三：自我關係、配偶關係、親子關係。自我關係就是無論何時，「先聆聽內在需求↓為自己表達↓讓內在的不同聲音先協商整合」。配偶關係就是無論何時，「記得聆聽配偶情緒與看法↓用分享的態度表達自己的看法與需求↓邀請協商」。親子關係就是無論何時，「先聆聽小孩情緒與需求↓為自己表達↓帶領兩人協商」。

這裡的步伐很一致，關係的先後次序也很鮮明：

〈聆聽〉↓〈表達〉↓〈協商〉

〔自我關係〕＞〔配偶關係〕＞〔親子關係〕

與孩子之間的關係，我們大孩子小，所以我們給出聆聽，帶領協商。

與配偶的關係重視平等與平衡，所以我們分享聆聽與表達自我，邀請協商。

聆聽放在前面，因為給了聆聽，對方就有空間聆聽我們。

自我關係放前面，因為內在和諧了，才能有和諧的人際關係。

配偶關係放前面，因為孩子靈魂的安穩成長，須建立在父母的和諧互動之上。

〈聆聽〉→〈表達〉→〈協商〉的步伐如同圓舞曲的三步伐，「碰→恰→恰」。它是個迴旋的步伐，一步步踏穩了，關係的舞步就會繼續。許多時候，只要聆聽與表達做得順暢，協商的步驟便是隱形的，那表示雙方都在和諧狀態下繼續往前。往往，協商的具體進行，是在雙方的需求衝突之時。

舉個例子，孩子在百貨公司想要一個很貴的玩具，爸爸覺得沒關係，但媽媽不想寵小孩，想要孩子學會珍惜。這時候，媽媽的舞步如下：

□〈聆聽自我〉：是的，我心裡想教孩子珍惜，也想給孩子快樂。

□〈為自己表達〉：是的，我兩者都有。（對內在不同聲音的各自接納）

□〈自我協商〉：嗯～我在心裡鬆開給了玩具，孩子就不會珍惜的想像，也鬆開買玩具孩子就會快樂的想像；我選擇回到此時此刻，尋找更核心的意義。（內在的價值觀澄清，放掉兩極對立的僵化態度，例如：好成績與壞成績）

□〈聆聽配偶〉：「老公，我聽到你觀念上OK，你認為我們可以花這

個錢給孩子他想要的東西，是嗎？」（與老公核對，妳心裡認為的也是他的想法）

□〈表達自我〉：「我也想給孩子快樂，我還想教會孩子珍惜。」

□〈邀請協商〉：「我們一起來商量怎麼做可以讓我們倆的想法都兼顧，好嗎？」（進行協商過程）

□〈聆聽孩子〉：「孩子，你喜歡這個玩具，也想擁有。你也知道這這玩具好貴，超出我們平常預算，是嗎？」（等待孩子回應，核對與聆聽）

□〈表達自我〉：「我的想法是，你得到額外的玩具也得到額外的快樂，你願意分享些什麼，來讓世界感受到你的快樂嗎？」

□〈帶領協商〉：「你需要買玩具和感受到我們的愛，媽媽的需要是你學會分享。要怎麼做呢？讓我們一起來想辦法吧！」

以上的例子透露了帶領孩子做協商的複雜之處，在於往往我們最重視的不是表層的要或不要，我們重視的經常是更核心的部分，而決定是否買玩具的關鍵，常在於溝通中傳遞的感情與親密，以及對孩子的信任與否。

知道了這一點，就知道在進行協商之前，要透徹地進入更內在的價值觀，除了買或不買玩具，除了金錢價值，若再更【往內走】，更核心的價值觀是什麼？是孩子學會感恩？還是愛的流動？

孩子在想買玩具這件事情上，除了是否擁有，是否能從父母手上獲得一份允許，孩子更重視、更看重的本質又是什麼？是快樂？是愛？還是一份擁有的權力感？

協商的原則很簡單，想個辦法，同時滿足雙方的價值觀與需求。

協商的關鍵在於，能否在過程中維繫關係本質最重要的：愛與信任。

協商的智慧在於，看穿表層需求底下的核心需求與價值觀。

這一章節需參考其他章節的能力，包括：【聆聽】、【真誠表達】、【需求與核心需求】、【往內走】。

情緒的名字

【回歸中心】的精神，講的就是讓意識的覺知與身體連結，形成一流動場域。而【連結】的精神，就是指人與人之間的連結，形成一關係場域。

這兩個動作都是非語言的，在【往內走】的步道，我們需要用語言表達出內在流動的意識。說出感官經驗，說出情緒，說出想法，說出需求，說出選擇。這幾個項目屬情緒語言，最需要特別學習。因為在通俗的語言中，我們不常精細地描述情緒。在EQ（Emotional Quotient，將情緒能力視為一種智能商數）領域，有一「情緒識字率」的值，指的是能精準地表達出情緒，以及辨識出情緒的表情。

覺知並釋放，是轉化情緒的魔法。覺知，並唸出情緒的名字，即是轉化情緒的關鍵步驟。其實，只要保持著開放的心，無抗拒或扭曲地唸出情緒的名字，幾乎就能轉化了。

在此，對身為父母的我們而言，我們無須變成心理專家，只需要學會使用情緒語言，並教導孩子使用情緒語言。

在我的教養經驗中，當自己經常使用情緒語言，孩子自然就學會。一歲半的女兒會說「怕怕」（指害怕，或保持距離或逃離的動力）、「愛你」（指情感的靠近）、「念」（指想念，在心裡想要靠近的渴望），以及「羞」（害羞，指想靠近又想躲起來的雙重驅力）。幼兒經驗世界，最基礎的向度就是「感受正向受吸引」以及「感受負向受驅離」。純然的靠近──「愛」，純然的疏離或離開──「怕怕」，以及複雜一點的──「念」（想靠近卻只能在心裡想）與「羞」（想離開心裡卻離不開）。

我們將情緒，分成八大類：「愛」、「快樂」、「恐懼」、「憤怒」、「悲傷」、「厭惡」、「羞恥」、「驚訝」。讓我們用趨近或逃離的驅力，來解說這八大類：

「愛」：正向感受，趨近的動力。

「快樂」：正向感受，維持在此處就能滿足。

「恐懼」：心裡排拒，逃離的動力。

「憤怒」：想要而要不到，反向產生排拒或傷害對象的動力。

「悲傷」：想要靠近而得不到，觸碰到「有」的記憶會感到痛。

「厭惡」：心裡排拒，想排除或毀滅之（嘔吐噁心）。

「羞恥」：往內對自己產生排拒，想要抹除不悅的自己，想逃離別人目光。

「驚訝」：出現的刺激超乎預期，瞬間的反應，有正也有負。

底下列出情緒的名字，作為情緒識字率的單字練習。

▲愛：被吸引、喜歡、依戀、心動、著迷、眷戀、熱情、溫暖、柔軟、溫柔、浪漫、決心、勇氣、堅定、熱情、慈悲、欣賞、尊重、尊敬、敬重、親和

▲快樂：歡喜、開心、愉快、享受、自在、平靜、舒服、幸福、興奮、樂觀、正向、敞開、信任、滿足、舒爽、快感、期待、好玩、好笑、頑皮

▲恐懼：害怕、恐慌、慌張、掛念、擔憂、緊張、焦慮、無助

▲憤怒：挫折、生氣、執著、固執、焦急、煩躁、煩悶、委屈、沮喪、抓狂、恨意、憤恨、嫉妒、歇斯底里、暴力、崩潰

▲悲傷：難受、難過、鬱卒、憂鬱、失落、哀傷、悲哀、傷感、遺憾、失望、痛苦、哀慟、絕望、寂寞、孤單、無聊、惆悵、倦怠、疲憊

▲厭惡：抗拒、討厭、噁心、不屑、痛恨、輕蔑、抱怨、譏諷、冷漠、冷酷

▲羞恥：害羞、羞愧、不好意思、尷尬、罪惡、內疚、罪咎感、懊悔、恥辱、悔恨

▲驚訝：好奇、驚喜、震驚、驚嚇、讚嘆、不知所措、僵直

最後，我加一類，屬於靜心或修行人常有的情緒，這些情緒有的已經分類在上頭，但我特意列出，主要就是當我們學習越精緻的正向情感用詞，我們越能擁有這些。

▲靜心：放鬆、放下、放手、釋放、沉靜、平靜、力量、堅定、勇氣、慈

悲、祝福、光明、溫柔、愛、幸福、覺察、明晰、清明、醒覺、空明、敏銳、敞開、融化、連結、熱情、好奇、開放、自由、鬆鬆地握住

進入這章節，瀏覽一下這些情緒用詞，覺知此時此刻的情緒。保持著覺知並放下，回到一顆明晰敞開的心。

也可以作點祈禱：

「謝謝宇宙，讓我覺知此刻的溫柔。」

「請求老天，在我悲傷的時候給我支持的力量，讓我想起現有的幸福。」

「謝謝菩薩，讓我在執著的時候興起覺知心，讓自己能清明地放下。」

「感謝主，在我痛苦時用愛溫柔地包圍我，讓我回到上主的光。」

情緒的名字，可以成為每日的情緒日誌，睡前瀏覽一次，唸出今日通過自己的情緒，或辨識出還滯留在內在的情緒。帶著覺知，將情緒【釋放】。

情緒的名字，可以成為協助【聆聽】的工具，在聆聽時，參考情緒的名字，可以說出孩子內在更具體的情緒。除了幫助孩子疏通自己的情緒之外，也算是一種情緒教育。

往內走：【情緒階梯】與【選擇步道】

這章節要想像一個俄羅斯娃娃，一層一層打開，一個個完整地放好，排成一排，最後會拿出裡面最小的小人，核心的娃娃。

往內走，碰觸更深層的自己，聆聽核心的需求。

往內走的工具如下：【碰↓恰↓恰】、【聆聽】與【確認】。

用【碰↓恰↓恰】回歸中心，與內在自我連結，而「恰」的行動則是「往內走」，用【聆聽】與【確認】的工具傳遞內在的訊息出來，一來一往，逐漸碰觸核心。

往內走的路徑，可以是別人的心，也可以是自己的心。

探觸別人的心需要對方的允許，「請問我可以聆聽你的深層心聲嗎？」

探觸自己的心需要有光與愛的支持，在一個明亮有音樂之處，在一個隨時可以找到溫暖的空間。我個人習慣在明亮自在的咖啡店裡，自我書寫。

或在整齊宜人的家裡，煮咖啡放明亮的音樂，打開窗戶迎接陽光，讓自己處在光之中。

往內走的路徑，可以是【情緒階梯】，用迴旋的連續問句這樣問：

「現在的情緒是什麼？」

「如果將這個情緒捧在手上，再往內走，更裡層的情緒是什麼？」

就是這樣一層一層往內走。

當然，這是最難的，因為一般人未必能回答出情緒是什麼的提問，要請他將情緒捧在手上，又是一層功夫。但對幼兒來說，我們可以用隱喻的句型這樣問：

「媽媽想知道，你的心現在是什麼顏色？」

「喔！紅色啊，是生氣的紅色嗎？」「……如果媽媽用一雙神奇的手把紅色拿出來，就像一顆氣球一樣，現在在媽媽手上吹出一顆紅色氣球，你看到了嗎？想像一下。」

「嗯～這時候你看看你的心，有變成別的顏色嗎？」

「黑色？是難受的黑色？還是憋著沒有呼吸的黑色？」

「是憋著的黑色？嗚～這真是難受的感覺，如果媽媽把心打開，抱抱你，邀請你也把心打開，讓黑色的東西飛出來、跑出來、流出來……現在感覺怎麼樣？」

「真好，你說你舒服一點了，那現在呢？你的心是什麼色？」

「藍色，是舒服的藍色嗎？」

「真好，是舒服的藍色，可以叫做自由嗎？」

你可以感受到這隱喻的句型嗎？我們家的孩子在一歲的時候就可以進行這樣的對話，孩子內在想像力豐富，與心的連結夠，就可以用語言支持孩子，這也算是一種情緒能力。所以，柔軟、有想像力的成人，可以試試這樣的方式，在情緒命名的部分，可以參考【情緒的名字】。

往內走的步道，除了【情緒階梯】，還可以是【選擇步道】。【選擇步道】從事件、想法、感受、需求、選擇，是一條可以逐步理解的內在道路。

「發生什麼事？我的感官經驗到什麼？」（事件）

「這感官經驗，帶給我什麼影響？我怎麼想的，我怎麼解釋這件事？」（想法或解釋）

「我的感受是什麼？這感受直接由外在事件的影響？還是想法影響？」（感受）

「我有什麼需求？」（需求）

「我的選擇是什麼？」（選擇）

例如：

「孩子賴床叫不起來，我的感官經驗是看他不動心裡嘆氣。」

「受到的影響就是焦慮，想法是：完了，今天又要遲到。」

「這焦慮其實是抗拒遲到的念頭造成的，與兒子賴床只有間接關係。」

「我的需求是輕鬆一點，這個早上，自己也能休息。」

「我的選擇可以有：扛起兒子出門，不要再溫柔了。」

「我的選擇也可以是，先打電話請假，跟兒子一起賴床十分鐘吧！」

或是「我選擇，打開音樂跳個舞，然後玩一玩再趕著上班。」

這條往內走的步道太重要了，所以再舉一個例子：

「做愛後老公轉身呼呼大睡，感官經驗是身體涼涼的，覺得冷清。」

「心裡浮躁，很想生氣，背後的念頭是：這不懂溫柔的男人。」

「這浮躁想生氣，是念頭引起的，是自己的解釋造成的。」

「需求是，被擁抱、被陪伴，感覺到溫暖，是浪漫需求。」

「原來是因為浪漫需求空掉了，感覺寂寞，因為抗拒寂寞而生氣。」

「可以選擇繼續躺在他身邊生悶氣。」

「也可以選擇叫醒他，表達自己的需求，要求陪伴。」

「也可以選擇起床，給自己音樂和一點好喝的中性飲料，浪漫一下。」

「可以選擇這樣想：『老公一定睡得很放鬆，精神飽滿身體健康』。」

再舉一個例子：

「費心做出來的簡報不被賞識，老闆還說不夠專業。」

「覺得緊繃、覺得雙腳無力，想逃開辦公室。」

「感受就是尷尬、生氣、疲憊。」

「念頭這樣想：好想被讚賞喔！這麼努力卻得不到，氣餒極了，想放棄。」

「原來內在感受是氣餒，原因是挫折，還有個念頭說：不值得。」

「原米雙腳無力的感受，是有個『離開算了』的念頭。」

「需求是什麼？好想放自己一個假，出去走走，念頭說：『去放風箏不錯』。」

「選擇是什麼？真的請假，編個好理由，去放風箏，感受自由。」

「選擇是什麼？打電話給好友抱怨老闆一番，讓自己宣洩一下！」

「選擇是什麼？打開簡報先自我欣賞一番，記下不專業處，下次再努力。」

一連三個例子，是不是清楚多了？

若要自我探索，或詢問別人，問句是這樣問的：

「發生什麼事？簡單地用兩句話說出最關鍵處。」

「這件事，對你的感官影響是什麼？你的感官經驗接收到什麼？」

「這經驗（也許包含純感官經驗，也許包含有情緒的感官，也許還混雜著需求與想法），你怎麼想的？怎麼解釋的？念頭是什麼？」

「再去感覺一下，內在感受是什麼？有哪些？再往內有更深的情緒嗎？」

「這些感受的背後，還有念頭或詮釋嗎？」

「想想看，這些感受是詮釋造成的，或是外在事件直接的影響？」
「澄清至此，需求是什麼？清楚地說出簡單具體的需求。」
「想想看，針對這情境，此刻能有的選擇有哪些？至少說出三個。」

【選擇步道】非常實用的，它有點細節，需要練習才能熟悉。但這條步道，理性居多，比起情緒階梯走起來，更適合一般人，尤其是理性帶頭的男性思維者。裡面傳遞的正向訊息在於，「原來自己的情緒是被自己的念頭影響的」，「釐清需求後，至少有三個以上的選擇。」

往內走，主要功能是促成更大的溝通，尤其是處理雙人衝突時非常重要。因為衝突通常發生在表層，當我們能往內走，碰觸到更深層的需求，也許衝突的兩人之間，需求的本質是相通的。那時，衝突轉為共識，兩人的對立關係轉為合作。

往內走能面對情緒風暴，讓自己回歸深層需求，並意識到擁有選擇的力量。

往內走能釐清紛亂思緒，透過內在各個面向的通道，放下雜亂的思緒，幫助我們更回到中心，讓我們的心與各種困難情境或情緒，都能平靜相處。

用「要」取代「不」

生活中需要許多說「不」的時刻。

「在馬路上不要跑」、「手不要伸到馬桶裡」、「不要再看電視了」、「不要從溜滑梯上跳下來」、「在馬路上不要隨便跟陌生人說話」、「不要隨便跟男生出去」……

然而說「不」卻是讓人緊張的時刻。

說「不」的父母帶著擔憂與緊張，聽「不」的孩子感受到的是被阻止的能量。擔憂與緊張無法支持孩子改變，感受到被阻止的孩子最大的渴望不是安全，而是如何去除這被阻止的感受。

我主張，用「要」取代「不」。

□「在馬路上不要跑。」→「在馬路上靠邊慢慢走。」（要學會保護自己喔！）

□「手不要伸到馬桶裡。」→「手放馬桶外面。」（要學會馬桶有細菌喔！）

□「不要再看電視了。」→「離開電視，問自己最想要什麼？」（要珍惜時間喔！）

□「不要從溜滑梯上跳下來。」→「滑下來。」（要評估自己的安全）

□「在馬路上不要隨便跟陌生人說話。」→「陌生人找你說話，要有警覺，讓別人發現你，要有自己的判斷力，盡快離開，到你原來要去的地方。」

□「不要隨便跟男生出去。」→「決定要跟誰約會，那是妳深思熟慮的結果。」

說「要」給孩子一個方向，一個能掌握的具體行動。

說「要」帶著信任的態度，傳遞給孩子一個「行動的方向或原則」。於是孩子感受到的是被支持與信任，也確實知道，自己要學習的是什麼。

當然，還是可以說「不」，我主張將說「不」的時機放在事情發生以後。當孩子回到家裡，再與他討論馬路上的事情。當孩子離開馬桶與溜滑梯旁邊，再與他討論不可以的種種叮嚀。

此外，用「要」取代「不」還可以應用在對孩子的評價以及感受上：

1. 以「具體化」取代「概括化」。
2. 用「正向」取代「負向」。

□「你真是個壞孩子。」↓「你把飯灑了一地，帶給爸爸麻煩。」

□「數學又不及格，你真是數學低能。」↓「這次你考了五十八分，上次考五十七分。看來，下次讓數學及格會是個剛好的目標。加油吧！」

□「你每次都欺負弟弟，真讓我生氣。」↓「你沒跟弟弟說就拿走他的玩具，媽媽不喜歡這個行為，我希望你下次要拿玩具前，先問過弟弟。」

□「你真是沒禮貌，鄰居跟你打招呼，你沒聽見是不是？」↓「剛剛鄰居跟你打招呼，你沒有回答他。我相信你聽見了，而你沒有回應。無論你當時心裡在想什麼，媽媽喜歡你看重別人的好意，善意回應鄰居。」

□「妳每次都說謊，我再也無法信任妳了。」↓「我推測，妳這次可能沒說真話。也許我的推測不一定完全正確，而我要表達的就是，讓我們來想辦法，維持一個更令人信任的說話習慣。」

□「對爸爸說話這麼衝，你大逆不道啊！」↓「你聽起來很生氣，語氣裡沒有對我的尊重。我要你知道，你可以生氣，要記得我是你爸爸，在生命意義上，我比你大。」

□「妳勾搭男生，真是隨便。」↓「我看見妳主動寫紙條給男生三次，我好奇妳是怎麼想的，我也關心其他同學怎麼看待妳？我是個比較保守的老師，妳的行為對我而言很大膽。」

若你對孩子說話的習慣比較屬於前者，請你一次一次將我上述的例子朗讀出來，去體驗看看，後面說話的力道，以及說服力。

當你留意自己言語中的概括化以及負向，你就能將之轉變成具體以及正向。當我們說話變得具體以及正向，孩子能感受到被尊重，也更願意尊重自己。孩子會聽見父母的真誠以及智慧，更可能被父母說服，而得到父母人生經驗的教導。

【親密技巧】

與孩子建立同在與連結的關係，
當情意流通時，
孩子與父母處在共鳴和諧的狀態。
教養，就變得很簡單。

同在

孩子的靈魂，需要父母的專注凝視。

這概念回到現實生活是這樣詮釋的：孩子需要照顧者在與之相處時的同在。同在，是照顧者看得見孩子的當下，並敞開內心。若孩子能擁有照顧者同在品質的陪伴，那麼，孩子的生命力會流暢豐沛，保有他生命力的旺盛，在學習與發展上，也將擁有最大的正向契機。

不同在的陪伴，是指（或表示）照顧者人在心不在，他們的心可能在哪裡？

他們可能在陪孩子時，心思還纏繞著白日未完成的工作。

他們可能在陪孩子時，幻想著成功夢、賺錢夢、愛情夢。

他們可能在陪孩子時，還掛記著原生家庭父母的受困。

他們可能在陪孩子時，心裡正憂慮著孩子的種種偏差或不成材。

他們可能在陪孩子時，心裡幻想著孩子長大後的種種美好。
他們可能在陪孩子時，掉入生活與經濟的焦慮中。
他們可能在陪孩子時，心裡正叨唸著配偶，無聲地埋怨著。
他們可能在陪孩子時，被自己的情緒淹沒，或被需求的匱乏耗損能量。

不同在的陪伴，經常是兩敗俱傷的，父母投資精神與時間，卻換來一身的疲憊以及孩子的各種突發狀況。因此，如何覺察到自己的不同在，能將自己的神魂喚回來，是親職生活能否幸福的重大關鍵。

同在的陪伴，具有什麼特質呢？

▲照顧者是看得見孩子的人，看見孩子的此時此刻，看見孩子的美好存在。
▲即使孩子有些吵鬧，甚至是偏差行為，照顧者都能將人與行為分開。
▲照顧者是能欣賞孩子的人，並同時針對行為的偏差進行管教。
▲照顧者能看見孩子的正向以及小小的進步，給予【讚嘆】或鼓舞。
▲照顧者能敏銳感受到孩子的情緒，能使用【聆聽】，讓孩子感受到自我。

▲照顧者能表達自己心中的真實感受，讓孩子有機會與之共鳴、同在。

▲孩子能在此氛圍下，養成一種專注的品質，並進行學習。

▲日後，孩子產生自愛、勤奮、自尊等正向特質的機率會增加很多。

▲孩子在此氛圍中，日後養成真實、和諧，以愛為主的人際習慣的機率，也會大幅增加。

如何從不同在轉成同在呢？底下是小小提醒：

養成自問：「現在，我在哪裡？」的習慣，這有助於覺察不同在的時刻。

當此覺察發生，通常就能將自己帶回當下，與孩子同在。若不能：

□請處理【失落】。

□使用【連結】與【碰→恰→恰】技巧，可以協助自己，進入同在的狀態。

連結

連結就是同在，當我們與外在的人事物相處時，用感官知覺以及感受的心與之同在。也就是讓我們融入與外界互動的經驗中，讓感官有所知覺，讓心有所觸動。

連結就是心無旁騖地與之同在，在吃飯、走路、洗澡時，專注而單純地就是吃飯、走路、洗澡。讓生活的行動本身，也成為心念單純的修行。即使思考是平日做這些事的習慣，我們保持對思考有所覺察，有所選擇。例如：「好，我選擇放棄心無旁騖，在吃飯時專心思考。」於是不會無意識地浮動在心念中紛雜而食不知味；或是「我選擇專心地走路，讓我的意識焦點回歸中心，回歸到當場肢體的律動感，回歸到與外在景色的觸動與經驗中。」

在親子實務中，當我談到連結與同在，指的是與孩子的互動，或與孩子的心同在。在晚間親子共處於一室，花半個小時全然專注地與之遊戲，不要想教育不要想教養，不要急著催促功課或梳洗上床，不要想白天未完成的工作，就是投入地與之開懷遊戲。每天半小時，持之以恆，將是親子感情最豐沛的儲值。即使抽不出這半小時，那麼，吃飯時專注地吃飯，專注地與正在吃飯的家人對話，同在的質感，能盡量補償與孩子相處量的不足。

在溝通時，先敞開心與孩子同在，建立一種人與人之間連結的場域，再開始溝通，這就是我講的，【碰↓恰↓恰】與【回歸中心】。這時候的連結，可以用一種溝通前的儀式來練習，那就是開始溝通前，兩人（親子或配偶，只要是有默契的家人）都先回歸中心，而後想像著自己的心為孩子敞開（一種能量上的感受，有人會想像心中一朵花，逐漸因為孩子而敞開），用自己的心觸碰對方的心（彷彿心中的花將芬芳散播到孩子周圍）。

這裡說的「觸碰」是一種覺知的想像，而非肉體的觸碰。彷彿有一雙隱形的大手，一手放在自己的中心，一手放在對方的中心，於是，雙手敞開之後，彼此的中心還在一個有來有往的進行中。彷彿說話時，不只傳遞出我的話語，也傳遞出內心的正向能量。聆聽時不只聽到對方的語言，也接受到從對方能量傳遞來的細微訊息。

這樣的連結與同在，能創造一種「連結的場域」，在這連結的場域中放鬆自在，能創造一種人與人之間聯繫的神奇。我們可以用「共鳴」、「同調」或「同步」來形容。最鮮明的例子是在電影《輕聲細語》(*The Horse Whisperer*)中，勞伯瑞福主演的馭馬師(horse whisperer)追隨著奔馳而去的馬（曾經車禍受創），一人一馬遙坐在草地上對望凝視。勞伯瑞福沒有做出任何積極的動作，他就是回歸中心並與之連結，在那大草原上，有一人馬之間的連結場域，於是馬感受到自由又能被聯繫支持著。人馬之間的無形溝通與同步聯繫，撫慰也療癒了馬的創傷。

在生活中最能感受到的例子，是嬰兒啼哭時，母親自然而然的同步，也許是輕聲哼唱，也許就是輕拍的節奏，與嬰兒的生命韻律達成和諧，孩子與母親連成一體，孩子在母親平靜安穩的能量下棲息安眠。

或你能在咖啡店觀察到熱戀中的情侶契合地在一起，他們幾乎同時笑出聲音，兩人前傾後仰的韻律是一致的，他們會有些不經心的小動作前後同步出現，兩人之間有一種共鳴的連結。

這樣的契合關係是能透過有意識地培養習慣而形成的。【碰↓恰↓恰】，一開始是練習，最後變成習慣。

若能邀請家人一起培養這溝通的親密習慣最好。但是孩子大了，未必喜歡這些動作，尤其在孩子尚未感受到父母放下控制以前，所有練習的邀請都會讓孩子帶來防衛心。那麼，父母就私下從自己開始培養出回歸中心並朝孩子敞開而連結的溝通習慣。當孩子越來越能體會到溝通的親密契合與舒適自在，孩子也越能敞開心思，與父母同在，父母也越能安心放下控制需求，支持孩子完整地為自己負責。

若孩子年幼，不妨將這個儀式化為動作般的小遊戲。類似，「讓我感覺一下你的心現在是什麼顏色？」感官想像力還很豐富的幼兒，最容易進入同步同調的契合了。

最後提醒，「同步同調與之連結，支持二者完整地存在」就是主要目的。一旦溝通者把特定的目標放得比連結重要，就會失去兩人之間連結的神奇場域。

交流的表達

留意我們說話，獨白的傾向超過人際交流性。例如：

「小寶，趕快去洗澡。」

「這次功課進步了喔！很好。」

「做錯事就要認錯，誠實是最重要的。」

這雖然是在關係中說話，但言語裡沒有關係，只有獨白。

讓我們將之轉換成有交流性的表達吧！

「小寶，媽媽希望你現在去洗澡，你有其他事要幫忙嗎？若沒，就直接去洗澡吧！」（表達期望，並邀請孩子表達自己的需求）

「我看到你的考卷，看到你答對了許多困難的題目，真好，你的進步讓我感到很高興。」（表達一種看見，並分享心情受到的影響）

「爸爸活了三十五年，我學到誠實很重要。孩子，我想要把這個智慧傳給你。雖然你現在還小，我相信你能懂。你認為：做錯時認錯，跟做錯時能不說就不說，這兩種作法，各會帶來什麼影響？爸爸想聽聽看你的看法。」（誠摯地分享，表達期待，並邀請孩子說自己的看法，準備好要聆聽）

當然，無須每天說話都這麼複雜。

若彼此有默契，「小寶，趕快去洗澡！」就足以傳遞夠的訊息，達成順暢溝通。當孩子需要親密，或需要感受被尊重時，具有交流性的表達，就會傳遞了生活功能以外的東西，一種人與人的親密與連結，還有相互尊重的質地。

具有交流感的表達，通常有以下的特色：

1. **表達自己正向心念的連結：「我＋動詞＋你」**

□我……你（喜歡／欣賞／肯定／佩服／羨慕／愛）

▲我喜歡你的笑臉。

▲我羨慕你的快樂。

□我想要……你（看見／知道你的感覺／抱抱／摸摸／聽見／了解）

▲我想要看見你專心坐在桌子前寫功課。

▲我想要抱抱你，疼疼你，好嗎？

▲我喜歡晚飯七點開動，期待你早點回來。

▲我期待你學會與妹妹分享玩具。

□我期待你……

2. **分享對方帶來的好影響：「你＋具體行為＋讓我＋影響」**

□你親自畫的卡片讓我很感動。

□你幫忙摺衣服讓我變輕鬆，心情也愉快起來。

□你晚上吃飯吃得開心，讓我很有成就感，我猜，你覺得媽媽煮的菜很好吃。

3. **分享不同意：「我不……你……＋因為……（＋我＋動詞＋你……）」**

□我不同意你打妹妹，因為我認為你還沒有表達就動手，不是文明人的作法。

□我不欣賞你今晚寫的字，因為看起來亂亂的。

□我不愛你瞪我，因為我覺得被討厭，我比較喜歡聽見你告訴我你的生氣。

4. 分享受到的負面影響：「（我）動詞＋你的行為＋我受到的影響＋因為……」

□看見地上你玩過而沒收的玩具，我心情不好。因為……

□發現你在學校欺騙老師，我一方面心疼一方面又生氣。我心疼你情急之下欺騙老師，又生氣你沒有為自己的尊嚴堅持。

□聽見你尖叫，我受干擾無法思考。因為……

□看見你們倆搶玩具，我很好奇，你們可能用合作的方式來分享玩具嗎？

□我叫了好多次你沒有回答，這讓我疲憊。

以上是一些人際交流性比較具體的表達方式，不只這些，還有更多。你可以想像在莎士比亞劇裡深刻充滿情愛的臺詞，是多麼觸動人心與靈魂？敞開心，讓自己給予，讓自己受影響……這是一種敞開與柔軟的互動。它不只穩穩地建立親子情誼，也促成靈魂與靈魂的碰觸。

鼓勵

鼓勵，是帶著信任說出去的話語，

鼓勵，是從心裡給予敬意的打氣。

鼓勵，不是讚美，也不是催促，

讚美，可能帶著期待，或是無心的習慣。

催促，彷彿藉由鼓勵要孩子趕緊前進，這也有期待的內涵。

鼓勵，讓自己信任孩子的潛力，信任孩子正在過程裡；鼓勵，讓自己打從心裡對孩子面對的情境表達敬意，對孩子的處境產生尊重。

例如：孩子很認真準備，考試卻不如意。

鼓勵的說法是：

「看到你已經付出的努力我很感動，我相信你的實力進步了。」

「讓我們一起來看看，你的實力與考試成績中間，還有什麼是你不知道的？」

若在鼓勵前頭加上聆聽，會更貼心。

「我看見你眼睛裡的失望，無論如何，看到你已經付出的努力我很感動……」

鼓勵的原則如下：

1. **表達對已經發生，或正在進行的現象，一種正向的情感與信任。**

▲可以用「我看見……」「我聽見……」「我記得……」開頭。

▲加上「……讓我聯想到……」「……讓我很感動」「……讓我覺得被鼓舞……」「……讓我很高興」的結尾來組合。

2. **即使外在的成果不怎麼樣，表達對孩子的「人格」或「本質」的信心。**

▲可以用「我相信你是個……的孩子」或是「我記得你有（孩子的正向特質或資源）……」。

▲接著可以詢問孩子：「我想知道，你怎麼想的？」「我想知道，對於這結果，你受到什麼影響？」

3. **最後，表達對孩子的愛。**

▲「孩子，你知道，最重要的是無論如何我都愛你。」

▲「孩子，我相信，無論如何你依然愛自己。」

▲「孩子，你在我心中很重要，這一點，不會受任何事情影響。」

美好的動詞

日常生活中有許多啟動美好的動詞，讓這些動詞成為你們家的詞彙，
然後成為孩子常用的動詞。

我**愛**妳。

我**喜歡**你。

我**想念**妳。

我**讚嘆**你。

我**感激**妳。

我**欣賞**你。

我**佩服**妳。

我**接納**你。

我**原諒**妳。
讓我**看見**你。
讓我**聽見**妳。
讓我**了解**你。
讓我**感動**妳。
讓我與你**同在**。
讓我來**感受**一下妳的心。
讓我來**體會**一下你的處境是什麼感覺。

讓我們出去**走走**。
讓我們來**聞聞**這味道。
讓我們來**摸摸**這塊石頭。
讓我們來**吃吃**看什麼味道。
讓我們來**看看**這裡有什麼顏色。

讓我們來**聽聽**這世界有什麼聲音。

讓我們來**面對困難**。
讓我們來一**起想辦法**。
讓我們**互相支持**，彼此陪伴。
讓我們**相親相愛**，一起抱抱。

觸碰一朵花，**觸碰**自己的心。
打開盒子；**打開**心中的盒子。
連接起來；讓我們的心**連接**起來。
把包包放下；把卡住的念頭**放下**。
把資源分享出去；把愛**分享**出去。
把玻璃擦乾淨；把疲憊一天的腦袋**擦乾淨**。
拔掉塞子讓洗澡水流走，讓浴缸空出來；**拔掉**卡住的塞子讓抱怨**流走**，
讓心空出來。

回家時把鞋子排好，放在門外；回家前把未完成的工作排好，放在家門外。

還有好多……歡喜……鼓舞……包容……釋放……，

這些美好的動詞，可以分成以下幾類：

一些連結彼此之間的正向動詞，

一些打開內心的動詞，一些梳理順暢情緒的動詞，

一些支持性的動詞。

請留意，隨時記錄下來，讓自己成為一個創造美好的人吧！

讚嘆

讚嘆需要一雙孩子般的眼睛，詩人般的心，還有如鑽石般的信任。

單調乏味的生活需要讚嘆，沉重無力的日子需要讚嘆，對自己沒信心的孩子需要讚嘆，失去滋潤的關係需要讚嘆。讚嘆讓生活鮮活起來，讚嘆讓生活感受到意義，讚嘆讓神的祝福降臨。

讚嘆，是需要用意志力與紀律養成的習慣，它能讓自己輕鬆，讓自己轉念，平日的心念可能聚焦在事情的問題面，而讚嘆讓心打開，憂慮的心念歇息，可以意識到事情的存在面，意義與價值……讓事物深層的美感浮現，讓每一時刻都有觸動人心的機會。

生活中許多讓我們不舒服、不愉快、不願意的事情，都能試著用讚嘆相待。例如：

▲下班時，錯過一班捷運↓

（對自己說）「看來我上工當媽媽的時間被允許延後了，真好。讓我好好享受這五分鐘吧！」

▲孩子用鉛筆在牆壁畫畫↓

（對孩子說）「哈哈，這是什麼？哇，讓我好好看看，牆壁上多了一棵樹，樹上有一隻小鳥……孩子，你今天很開心是嗎？」等晚一點，再與孩子討論：「我們來討論，這幅畫要保留嗎？還有以後當想畫牆壁時怎麼辦？因為媽媽喜歡你的畫，也喜歡白白的牆壁。」

▲老師臨時要你去學校，因為孩子在學校跟人打架↓

（在心裡對自己說）「哇，小男孩長大了，從不打架的他開始轉變了……雖然不知道為什麼，但轉變總是人生的常態。」（在心裡同時準備好面對各種現實的可能）

▲一直覺得婚姻關係怪怪的朋友，忽然發現她先生外遇，而且長達八年了↓

（對朋友說）「真讓人震驚也難以接受，不過從另一個角度來看，卻輕鬆多了，原來之前不對勁的感覺，就是這個啊！現在，你無處施力的婚姻，開始有個焦點可以使力了。我會陪伴你的。」

▲工作進度怎麼趕，就是趕不上，明天就要開天窗了↓

（睡前，跟老公說）「明天就要開天窗了，真讓人期待，一向負責的我從來沒有遇過這麼窘的狀況……我忽然不緊張了，覺得像是一場驚奇的生日派對一樣，宣告我終日負責的人生，也有出錯的時候，我要開始產生新的自我認同了。老公，這是我的高壓時刻，這幾天，請你溫柔地支持我。」

▲發現孩子偷了自己錢包裡的錢↓

（對孩子說）「哇喔，孩子，真的是你做的喔！看來，媽媽好久沒有用心了解你了，沒有覺察到你有偷錢的需要。真好，從現在開始，我知道你需要被更關心。」

▲先生被資遣↓

（對老公說）「老公，這真不是平凡的我們希望發生的。不曉得老天爺，對你、對我們家有什麼打算？請你在震驚之餘，在面對可能的挫敗感的同時，還能感受到我對你的信任與愛。記得這幾年你好忙的時候，都計畫要出走去旅行的，現在機會來了，如果這也是你要的，我會支持你的。」

▲下雨↓

（對討厭的事物說）「討厭，又下雨了……這麼討厭下雨天的我，今天要來練習讚嘆。嗯！讓我好好放鬆，深呼吸一口氣。雨啊雨啊，你下得真好。路邊的草兒看起來更綠了，泥土吸收飽飽的水分，馬路的汽油味不見了……真好，你讓炎熱的夏天，溫度降低了。讓我與我的討厭共處吧！即使會有討厭的感覺，我依然感受到雨的滋養和滋潤。」

當然，人生中原來的美好，更值得我們讚嘆。

□「哇喔，孩子，你又長高了。」

□「老公，你今天的手好溫暖喔！」

□「哇，趕快來看，今天的天空很藍很美喔！」

□「我看到隔壁賣麵線的老先生，他今天不知道為什麼特別開心，我覺得他笑起來很像小孩。」

□「孩子，媽媽昨天經過你房門，發現你很晚了還在讀書，真是讓人超佩服的。」

□「對，就是這種味道，我好喜歡這裡的湯麵，讚！」

□「看著他們睡著，我覺得很幸福，感覺全家可以在一起，真好。」

□「老公，終於可以睡覺了，我今天特別累，覺得躺在床上好舒服喔！」

□「今天真是超熱的，你知道嗎？我走在路上，那個汗一直流一直流，偏偏我今天要東跑西跑，跑很多地方。我從來沒有這樣流過汗，一開始很難受，後來就覺得超爽快的。回家後洗完澡的瞬間，覺得很幸福。」

□「老公，你長出幾根白頭髮了，謝謝你這幾年，為這個家付出這麼多。有點心疼，我好愛你。」

這不是很幸福嗎？能擁有讚嘆的力量！

溫柔觸摸

溫柔觸摸是父母身上最神奇的療癒本能。它能讓孩子瞬間與內在的平靜連結，逐漸回歸自己，回歸內在力量。

溫柔觸摸要產生神奇的療癒效果，要有三個原則：

1. 無企圖心。
2. 父母內心平靜敞開。
3. 孩子也對父母敞開。

溫柔觸摸在於兩人的界限消失，在一種自由的氛圍下，深深共鳴，於是生命的能量相互滋養，孩子得到父母存在的支持，讓身心靈更連結；父母得到一次愛的浸潤，與存在感受到美的聯繫。因此，若在孩子哭泣，或孩子抗拒時，試圖透過觸摸來安慰孩子，就不一定能得到神奇的療癒效果。觀照自己的企圖心，放下自己的企圖心，就能逐漸敞開並與孩子連結。因此，在孩子哭的時候，要觀照自己的企圖，是否一定要孩子停止哭泣？觀照這企圖，將之放下。詢問孩子是否願意接受觸摸，觸摸帶來兩人關係的契合與同在，許多情緒就不在原來的框架內，也許會自然平靜而有力量呢！

無企圖心與內心平靜敞開其實是一體兩面的事情。因此，父母一方面可以覺知企圖心練習放下，另一方面可以使用【回歸中心】，讓自己恢復平靜，於是再使用【連結】與【同在】，讓心慢慢對孩子敞開，形成兩人間的和諧。

這時候，父母自然可以知曉孩子對於被觸碰的意願。在孩子有意願下，父母的溫柔觸碰，也會促使孩子柔軟敞開。

因此，在前面三種條件成立之下，觸碰的手法與位置就不是那麼重要。因為兩人和諧的情境下，父母只要聽任自己的直覺走，就能發揮自然的療癒本能。

在此，提醒幾個觸摸的大原則：

□安靜地放手在孩子背上，比將手腕處貼在孩子背上用手掌輕拍，或用手指順撫孩子，更能讓孩子感受到平靜與支持。

□嬰兒有時候需要有節奏的輕拍，記住要保持覺知，雙手彷彿有耳朵或長眼睛般，能知曉孩子需要的節奏與力道，以及停止的時機。

□緩慢地在後背長推，也是很好的平靜手法。

□靜靜用雙手接觸腳掌，靜靜放著，就會有支持效果。

生命沉重時喚起美好

生命有時過於沉重，關係有時過於乾澀，所以我們需要喚起美好的回憶。喚起那些生命裡的美好記憶，喚起心中的力量與信心。過去的美好，是生命力的資源，若我們能喚起，就能重新感受到活著的力量。

喚起的方法，類似催眠中的引導技巧，需要許多感官語言的提醒。例如：

「記得早上媽媽剛起床，都會看見你睡得很香的臉，眼睛放鬆閉著，眼皮很輕鬆，雙腳隨意放著，肚皮緩慢均勻地上下起伏……那感覺好放鬆好舒服。」

「記得我們常常去公園玩，通常都是天氣涼爽的時候，太陽薄薄的，風涼涼的，那時候你喜歡跑步，哥哥喜歡跟著跑，你們也不在意誰快誰慢，就是輕鬆地跑跑，笑笑，有一次，哥哥追到你，你就轉身說：『抱抱～』，那時候我在旁邊看了，好感動。覺得很親密。」

「記得小時候你學走路的時候，你常常跌倒，跌倒了，媽媽嚇一跳。而你自在地慢慢爬起來，小手向地板壓下去，就又輕鬆地站起來。有時候跌疼了，你也會哭，媽媽會輕鬆地去抱抱你，給你溫暖，說：『真好，讓媽媽抱抱！』常常一下子，你就不哭了。又有力氣繼續往前走，一步一步，越走越好了。」

「記得睡覺前，我們會說說話。你會說『謝謝媽媽今天炒好好吃的麵給我吃！』我說：『謝謝爸爸晚上洗碗又擦地板，讓我覺得好幸福。』這些感恩的心情，讓我睡得很甜蜜。」

「很小的時候，媽媽就讓你到商店買東西。我會在後面看著，看你拿著我們每天吃的麵包，你小小的身體，連櫃臺都還搆不到，大聲有精神地說：『我要買這個，請幫我忙好嗎？』然後你拿錢給小姐，說：『我媽媽就在後面。』你的聲音好有力量、好堅定，你是個勇敢的孩子。」

這些例子，讓你感受到了嗎？

使用感官的用詞，細節地描述一個經常發生的美好經驗，特別強調一些正向形容詞，於是，可以喚起這些特質的能量。

在孩子緊張的時候可以喚起他的「好放鬆好舒服」，在孩子拒絕時，可以喚起「親密感」，在孩子挫折時可以喚起「一步一步，越走越好」，在孩子冷漠時可以喚起「感恩的心情」，在孩子軟弱時可以喚起「勇敢」。

語言是有召喚力量的。

有時候看到孩子的負向特質時，別急著訂正或緊張，讓孩子有覺知，用喚起的技巧，讓孩子憶起生命中的正向。這些正向的記憶，或引發正向的語言，也可以讓自己回到正向。

引發正向的語言

我們習慣將眼光放在困難與問題上面，不容易將眼光放在答案。許多答案，經常是已經存在的，只不過我們沒想到。

我們習慣將眼光放在不夠與匱乏之處，不習慣將眼光放在已經存在的正向，然後用感恩與珍惜的心情來對待。

現代父母，若能轉換原來的焦點，看見已經存在的答案，看見已經存在的正向，就能觸碰到自己與孩子最深的潛能，然後發現，原來自己不只這樣，自己還是更大更多的存在。這裡提供幾個具體的例子，讓父母培養不同的洞見，穿透平日看待自己與孩子的習慣，看見事物更大更完整的樣貌。

1. 「在這件事情上，我們已經做得很好的是什麼？」

2.「在你身上，什麼情境或什麼時候，你感覺最充足飽滿？」

3.「和什麼人在一起，你會覺得自己最自在？」

4.「做什麼事情，你會覺得自己如魚得水？」

5.「你這樣做，表面上好像不怎麼樣，但其實，你可以得到哪些好處？」

6.「我對你說什麼話，會讓你感覺自己更有力量？」

7.「用一個閃閃發亮的眼光來看，其實，事情已經往前進展了，你可以看出來，事情正在用什麼方式進展著？」

8.「用一個學習的眼光來看，這孩子正在學習他人生中的重要功課，你想，他正在學習什麼？」

9.「用突破的眼光來看，這孩子已經突破一些東西了，你可以祝福這些突破嗎？」

10.「如果這件事情是被祝福的，那背後的祝福可能是什麼？」

試試看，把這些句子影印下來帶在身邊，用這樣的思維角度，引導出自己的新眼光。

【支持時刻】

孩子最麻煩的時候，
就是最需要支持的時候。
孩子最需要支持的時候，
也是父母的愛最堅定的時刻。

孩子哭

孩子，是哭的特權階級。他們能隨意哭，能盡興哭，哭完立刻晴朗，很少有大人做得到，因為對孩子而言，哭與笑沒有分野，都是情感流露的自然方法。

當孩子哭，大人如何與他互動，孩子就學會如何對待自己的哭。

有些孩子學到，哭，可以得到擁抱、舒緩或情緒釋放；

有的孩子學到，哭，會引來麻煩，開始對哭產生焦慮；

有些孩子學到，哭，其實蠻有用的，能有效地要到自己想要的東西。

原本，很自然的情緒釋放，在學習以後，逐漸成了一種人生態度。

因此，這裡建議大人在照顧孩子的哭，抱持三種原則：

1. 信任孩子一開始需要的只是情緒釋放，可能是挫折、害怕、失落、疲憊，安靜等待即可。

□不需太積極去抱或安慰，保持關心，隨時看得見他，並安穩地蹲下來對孩子說：「我就在你身邊，有什麼需要，過來告訴我。」這樣的位置，讓孩子練習與自己在一起，主動為自己表達需要，感受到有人守護。

□有些孩子一哭就失去平日的能力，這時候，父母可以輕聲提醒：

▲試試看，你可以讓自己平靜下來。

▲要不要來給我抱抱？

▲嗯～用手放在你的心上面，聽聽看，你的心想說什麼？

2. 若父母因為孩子的哭而焦慮或煩躁，很想做點什麼，無論是喝叱或安慰都不恰當，在父母自身有情緒或需求時，唯一能做的是為自己表達。

□媽媽同意你哭，但我怕吵，這聲音讓我不舒服，所以我要離你遠一點。

□爸爸不懂你為什麼要哭，你哭的樣子讓我煩躁，快受不了啦！

□請你幫幫忙，先安靜一下。

3.直到父母照顧好自己，讓自己回到一顆寧靜的心，就能做點什麼了。

□使用【聆聽】。

□或使用一些【平靜】：

▲媽媽覺得你哭夠了，要不要讓自己平靜下來，我們說說話？

▲爸爸希望你安靜下來，我可以抱抱你。

▲我們來〈數顏色〉（見頁209）好嗎？

最好，在平日即建立關於哭泣的默契與原則，例如：

1.哭哭要不到東西。東西能否要到，都是經過表達與討論。

2.哭哭可以要到抱抱，以及等待。

3.哭哭的人要先負責照顧自己，大人會更願意陪伴。

底下列出一些孩子哭的特殊情境：

1.孩子失親，或有其他創傷，哭的時候帶有哀傷與創傷感。

□留意孩子是否經常沒原因的哀傷，食慾與活力如何？評估是否就醫。

□孩子平日需要更多的擁抱，用【聆聽】陪孩子聊天。

□若孩子因為失親而哀傷，找一些生命教育的書，為孩子說說生命與死亡。

□畫圖、一些色彩鮮豔的遊戲、有香味的烤餅乾、散步……都是好活動。

2. 孩子情緒崩潰，失控。

□陪伴者的平靜是最重要的。

▲別太把「這怎麼辦」當成焦點，活在當下，尋找創意。

▲讓自己平靜，遠比幫忙他，來得優先。

□試著和孩子保持互動，很簡單的是否問句能幫助孩子回到理性。

▲外在感官：

●我的衣服是紅色嗎？

●你可以看到窗外的白雲嗎？

▲客觀資訊：

●你五歲了，對不對？

●我們家的地址是……嗎？（有時會故意說錯，讓孩子思考）
▲連結孩子主觀的正向資源：
●你喜歡去外婆家嗎？
●媽媽記得你最喜歡吃芒果，對嗎？
●蠟筆小新的屁股走路你還記不記得？
□消極地提供照顧。
▲「喝水好不好？」「抱抱好不好？」……消極地，太積極會創造困難。
□使用創造力。
▲一般而言，只要你維持平靜狀態，會有神奇的創造點子出現。
▲【釋放】或【溫柔觸摸】，可以在此處使用。
3. 策略性的哭，釋放情緒不是孩子的需求，獲取自己所要才是情緒的目的。
□孩子需要被關注的是他的「人」，而不是他的「哭」。
▲「媽媽愛你，還有，我不同意你用哭來要東西。」

▲「媽媽準備好支持你，請你也照顧自己。」

□清楚表達自己的界限。

▲「爸爸現在可以等你，可以看著你，還有，我現在不會抱你。」

▲「媽媽的耐心是五分鐘，超過五分鐘，我可能會離開。」

▲「你選擇你要買的玩具，是你的權力。我的界限是，不能超過一百元。我們可以來討論看看，這時候有什麼好辦法？」

▲「你可以在地上打滾。我的需求是：衣服回去自己洗。」

□提供選擇。

▲「我不會在這時候考慮答應你。現在我們有兩個選擇，選擇一：請在三分鐘內平靜，我們靜下來討論。選擇二：我們先去吃東西，散散步。」

▲「如果你需要照顧，請平靜地告訴我。」

數顏色

「現在我們來數什麼顏色？」大人問。

「紅色！」在這個活動中，顏色可由孩子或大人決定，於是一起在空間裡尋找有紅色的地方。

「那裡，我看到了，紅色的垃圾桶。」

「那裡，第二個，紅色的拖鞋。」

「還有，第三個紅色，我衣服上的圖案。」

「第四個紅色，在那裡，桌上的筆盒。」

……不需要輪流，看到的人就可以指出來，於是大家的眼珠子都可以到處巡視，藉由眼珠子的轉動，以及和空間視覺的聯繫，還有尋找的企圖，情緒可以逐漸平靜。

〈數顏色〉建議在平日當成遊戲，培養默契。

一旦有人哭泣或生氣時，可以輕鬆地開始進行。

孩子很拗

孩子渴望與父母（或主要教養者）依附與連結，同時孩子也有獨立的需求。若父母與孩子之間能親密無礙，孩子更能獨立。例如幼兒離開父母的視線、青少年的自我嘗試，以及成年人的獨立高飛。但若孩子與父母之間有受傷或未完成的願望，這會讓孩子想靠近卻又抗拒，因此在孩子心裡形成趨避衝突。所謂趨避衝突，是指孩子想靠近又想要推開父母的動力。

這時候，父母經常感受到困惑，遠離時孩子哭泣，要靠近他時孩子生氣。父母不明白怎麼了，只覺得孩子很拗，其實是孩子心中有了趨避衝突。

當幼兒心中有趨避衝突時，對父母而言，可能就是黏人的時刻。抱也不是，不理他也不是；當學齡孩子有趨避衝突，他可能在父母親切時多敞開內心；在預期父母會反對或生氣時封閉內心。成年人與父母的趨避衝突，經常就是心裡念著父母，回家後又急著想離開。

這裡我們只說明，面對幼兒內心的趨避衝突。這時候的幼兒，外顯行為很「複雜」，父母不理會，孩子抓狂，但父母若太靠近，孩子也會拒絕父母。

這時候父母若太「積極」，做點什麼，都會引發孩子心中的衝突。父母能做的就是放鬆自己的心，讓自己回到最初對孩子充滿純粹愛的感受，並接納愛的本質同時包含了受傷的陰影面。父母在心中感受到孩子的麻煩又保持平靜，與愛連結。對這愛與受傷兩個面向帶著無分別的心，然後回到一個中間的狀態。

這時候父母可以捕捉直覺，帶著覺知做出「輕微離開」或是「輕微靠近」的動作。這動作是為了釋放孩子心中某個面向的動力。

若孩子此時核心是想要靠近的，則父母做出輕微離開的動作之後，孩子能順應內在的渴望，拉（或要求）父母靠近，這時父母順勢靠近孩子，孩子的趨避衝突即可散開。

或是孩子的核心是渴望分離與獨立的，則父母做出輕微靠近的動作，孩子可以安全地離開，得到自己的獨立感，趨避衝突也散開了。

一歲半至三歲以及青春期的孩子，會頻繁地出現此現象。這是因為孩子們正在發展自我，學習獨立，朝向人生的下一個階段，我們會把一歲半至三歲的孩子稱為小青春期，就是這個道理。這兩個階段的孩子，嘗試發展自我，同時需求依賴，因此經常出現很拗的趨避衝突。

其他年齡層的孩子若經常出現很拗的現象，則表示孩子與父母依附與分離焦慮尚未解決，或是父母給予孩子的照顧和管教超過孩子需求的量。當父母管教過度，孩子會想要遠離，但因尚未獨立所以遠離到一定程度又會回來。當父母照顧過度，孩子會渴望遠離，卻又習慣依賴無法離開。這時候，父母依然得記得輕輕遠離與輕輕靠近，保持尊重孩子【主體性】的原則，就能化解親子關係的危機。

孩子固執

有時候，孩子會很拗，因為某個事件而封閉固執起來，一直說「不」。比方說，孩子很堅持要留在朋友家玩，但父母需要帶孩子回家，於是用了強行的方法。這時候在車上孩子就拗起來了。

孩子心中因為挫折，而陷入匱乏的感受，他使用否定的形式來抗拒外在。這是因為孩子心中的慾望或渴望無法得到滿足，而產生內在匱乏的危機。這時候父母需要先安定自己的心，不要被孩子索求的動作惹毛，也不要哀嘆自己無法給孩子什麼。

父母需深深地體驗到，孩子真正需要的，就是即使在此刻，你依然接納開放並愛著孩子的心。除此之外，物質上或其他形式的表象，都是為了彰顯這份愛的象徵。

當你回到這份寧靜中心，你就能開始行動。

孩子需要的是回到自己能說 Yes 的空間，【聆聽】是最能促成孩子回歸內在 Yes 空間的方式。靜下心來聆聽孩子的此時此刻吧！

記得，你只需要聆聽，無須表達你的可以或不可以。

聆聽孩子的心，心情，情緒……

聆聽孩子的表情、肢體語言和需求……

聆聽孩子心中的想法，念頭，以及邏輯。

例如：

「你現在心裡悶著，還在想念剛才的玩具，是嗎？」

「你暫時不想說話，想表達心中的抗議，是嗎？」

「我看到你的身體肌肉比平常僵硬，我想你不舒服，是吧！」

「也許你心裡認為，我們沒有尊重你的意願，是嗎？」

接著【喚起】你們之間充滿信任的時光。

「記得有一次，你也這樣悶著，後來我們回家，你洗個澡出來就恢復笑臉，真讓人喜歡。」「記得小時候，我也這麼拗，當時我覺得自己還蠻有力量的。」「家裡好像還有冰淇淋，好像是瑞士巧克力口味吧！」……

透過這聆聽與喚起，你帶領孩子回到Yes的空間，這時候，就能雙向平等地討論孩子方才的需索。

切記，父母只能給自己真心誠意能給的，而不是為了彌補或滿足孩子的慾望，而勉強給予。

孩子失控

孩子感覺失控了，他可能半夜屢屢哭泣，或鬧脾氣無法溝通。

這時候，父母的第一反應往往是，「怎麼辦？」「要如何解決問題？」

這裡建議，此時先暫時放掉控制的目標，也就是讓「孩子回復平靜」這目的成為副產品，而不是主要訴求。

主要訴求是什麼？是父母回到自己的內心，安靜地說：「無論如何我先回到〈接納〉。」

先看看，控制父母的心，讓父母急於掌控孩子的是什麼？

是感覺自己疲憊無助嗎？

是焦慮外人評價的眼光嗎？

是恐懼孩子受驚或有其他人格缺陷嗎？

害怕從此被孩子吃定，再也無法翻身？

是對自己無法控制的自責嗎？
是著急時間被耗掉，自己快遲到了嗎？
你要有個體認，這些情緒大部分源自於在乎維持特定的形象，超過接納事情的真實，若繼續執著於期待無法滿足，或要維持某種特定形象，將會失去行動的力量。
試著用以下的句子放下這些情緒：
「即使我感到疲憊無助，我依然接納並深愛自己。我的疲憊無助是此刻的感受，正在被我的愛轉化中。」
「即使我焦慮別人如何看我，我依然接納並深愛自己。我重視自己如何看待自己勝過別人對我的評價。」
「我接納我的恐懼，並深愛這個自己。讓我穿透恐懼，於是能產生有療癒的點子。」
「即使我害怕，我依然深愛並接納自己。我看見害怕的幻想成分，我明白這害怕是基於自己童年的記憶，而不是成人的我所需要的。」

「我接納我的自責，並深愛自己。我的自責為的是讓自己平衡，同時我明白，放下自責更能讓我走向平衡。」

「是的，客觀上時間不夠了。我可以選擇抓起孩子不顧一切走人，或是我選擇放掉那客觀的時間限制，給自己充分的時間面對。」

當你能找到適合的句子穩住自己，你已進入可行動的階段了，若還無法放鬆，請參看【釋放】技巧，做一點能量運動，再回到此處。這時候你可以真正看見自己的孩子，當你回歸中心，孩子也逐漸找回他的安穩中心。此時此刻要做的，是與孩子間回到可信任的關係，接下來如何行動，你會知道的。

孩子有困難

孩子遇到困難，可能是學習進度跟不上，可能是情緒經常失控，可能是在學校的人際困難，也可能是有注意力缺失。

這些困難如何轉圜？有個關鍵是父母能掌握的，就是「不被問題框住」。不被問題框住，有兩個向度：看待問題的眼光，以及看待孩子的眼光。

若用正向的思維（參考【引發正向的語言】，頁198、【生命沉重時喚起美好】，頁195）來進入，就更能了解我在此要表達的意思。當我們用正向思維進入時，我們會這樣詮釋問題，以及擁有問題的孩子：

1. **問題**

□表面看見的問題不是核心重點，問題是因失去平衡而產生的副作用。

□問題是個窗口，讓我們進入失去平衡的領域，是哪裡失去平衡了？例如：

▲孩子的生活步調與作息失衡？太快？太慢？太多？空乏？缺少規律？過於僵化？吃太多肉？不吃肉？

▲孩子需要父母的注意力或鼓舞，父母卻給予過多提醒教育或指責批判？

▲父母對孩子的期望與孩子內在真實的落差？

▲孩子的表現與他內在真實渴望的失衡？

▲父母親密互動的失衡？

▲父母自身表現在外的與內在真實的失衡？

▲家庭的成人心中有過多的焦慮，孩子透過行為反映出來？

2. 孩子

□當孩子產生困難，表示孩子現有的人格狀態與能力不敷使用。孩子有一個正要發展出來的潛能，但因為平日習慣或缺少支持的關係，孩子無法讓新的潛能或新的特質發展出來。

▲孩子習慣使用的模式是什麼？

▲孩子正要發展出來的潛能是什麼？

▲孩子在這問題中，他用什麼方式來應對？

▲這應對的方法，是積極有效的嗎？或只是繞圈圈？

▲孩子最有能量是什麼時候？這透露他內在的潛能嗎？

▲孩子的哪一塊，缺少我們的注意、鼓舞，以及愛？

▲孩子的哪一部分，承受許多自我期許，或來自父母轉移的焦慮與期待？

▲孩子需要的，屬於生活裡最基礎的照顧是什麼？

▲若在此刻，就能讚賞、欣賞孩子，我能給出最純粹的愛是什麼？

3. 父母自身

□出於孩子與父母關係的深刻，因此，當孩子出問題時，父母也得反身看看自己。

□父母看看自己的支持力：

▲我最近自我照顧夠不夠？

▲在和孩子溝通時，我記得使用【碰↓恰↓恰】嗎？

▲我是否經常能擁有【平靜】與【回歸中心】？

▲我給予孩子足夠的【聆聽】嗎？

▲我平日【真誠表達】嗎？

▲我與孩子之間的溝通，具有【交流的表達】嗎？

□父母看看自己是否失衡？

▲我快樂嗎？

▲我給自己過多期許和壓力嗎？

▲我與配偶間，有真誠溝通嗎？

▲我是否有未知的焦慮與恐懼無法覺察？

這一章，提供你思考問題的角度，這也是本書「技巧篇」的最後一章了，需要運用許多前面的基礎。若前面的技巧與觀念，你都在生活裡確實實踐了，也許，你不需要用到這一章。

實務篇

導讀

這本書的每個技巧，都是我落實到親職生活中的。雖然我們家的孩子還小，不同年齡層發展的挑戰未能一一實證，但在我親職工作的現場，這些原則的確能支持不同年齡的父母與孩子親密，以及陪伴孩子度過困難時刻。

這些親職技巧或概念，讀起來也許生硬也許抽象，但若配合許多實際發生的故事，就能逐漸熟悉、有感情，這也是本書附上我的親職日誌的理由。

我的親職日誌，從孩子一歲半開始，記錄在網路的個人部落格。每日生活互動的甜美或困難，都是我記錄的重點。我們家兒子目前五歲半，女兒一歲九個月。由於書本篇幅的關係，這裡只能檢選少數的故事，若你需求更多量的故事，或好奇最新的發展，請上我的個人部落格觀賞。

依附與放手

一點一滴，女兒就這樣與我合一。娘胎時，她的心跳在我身體裡跳躍著；她的能量也曾屬於我所有；她的重量，她的踢動，她在我肚子裡打嗝的節奏……，胎兒與母親，是這樣無法分離的互融與連結。

出生不到五十天的她，回到我懷抱時，在能量上，都會令我想起懷孕時的飽滿。當她癱在我身上睡著時，那無法形容的柔軟總也一併鬆開我所有的界限與僵硬。在我精神好時看她，各種表情的動作，吞口水、扭動、打呵欠、微笑、凝視、哭泣——世界彷彿暫停，只剩下兩個人的世界。

嬰兒與母親，就這樣神祕地神祕地，融合在一起，引領我回到一個純然本質的能量狀態存在。

某日，兒子在傍晚時睡著了，怕他睡得過久影響上床時間，我試圖叫醒他。貼近著從他下巴位置看他，我看到一張皮膚白皙、漂亮的大臉。貼近的視角與平日的角度不一樣，忽然間感到陌生，這是一個有獨立意志的成熟個體啊！五歲半，順利通過依附與獨立議題的兒子，鮮明地向我們展現他獨特的主體性。

回憶兒子還是個小嬰兒的時候，也曾那麼地與我融合而無法分離，記得第一次送他到阿嬤家時，我在自家曬衣服，聞著小衣服的味道，整個人都是他的記憶，母子依附的連結！

我曉得，很快地，女兒也會如同兒子一樣成熟獨立，與我之間距離拉大，自由擴展。適應學校的兒子，有他自己的同學、學校的世界。當母親的我，要學習的是，在孩子依附我的時候甘願而給出自己，在孩子離手時堅定地放手，帶著祝福。

概念：依附關係
請參考：
【連結】（頁172）

這就是愛

孩子五個月大時記錄下來的心情，如此充滿愛的表達，其實不是每個時刻都會有的。當父母會有辛勞、有沉重、有不知所措、有生氣……的時候，而總是，也還有困難轉圜的喜悅、與孩子回到連結時的感動，還有像這樣，充滿溫柔的感動。

孩子，感覺到媽媽的手，摸著你的背嗎？這就是愛你。
一圈又一圈，這就是愛你。
還有白天，太陽公公照著你，讓你看見這世界，這也是愛你。
還有空氣，讓你呼吸，這也是愛你。
當你吸著奶，一口一口吞，這也是愛，愛就這樣一口口吞到你的身體了。

你也是，你的微笑，讓媽媽看到愛，
你的小腿踢踢，讓太陽感受到愛，
你的哇哇哭聲，讓空氣感覺到愛，
你喜歡吃奶，讓許多許多人，許多照顧你的人，都因給予而感覺到愛。
而你，就在這流動下睡著了，睡著了，愛還繼續流動著，
睡得越來越深，無須想起，流動還是繼續著。

概念：表達愛
請參考：
【美好的動詞】（頁183）
【交流的表達】（頁176）

讓孩子平靜

在阿嬤家，放下哭泣過後熟睡的兒子，輕拍他微微緊張的背，直到他全身放鬆了，我才驅車前往工作的場域。坐在寧靜的駕駛座上，方才他聲嘶力竭大喊：「我還要回去那裡（指試讀的幼幼班）！」的能量還充塞在車子裡。

在幼幼班張惶要找媽媽的他，一旦在媽媽懷抱裡卻又哭天搶地要再回去。

我問兒子：「你很喜歡幼幼班？」孩子：「是。」

我對他說：「媽媽也喜歡你去那裡，但媽媽要工作，你要去就要一個人留在那裡喔！（因為試讀，所以我陪伴他，兒子不肯單獨留下，喜歡我陪。要帶他離開又不肯）還是你想要去阿嬤家讓阿嬤陪你？」

他搖頭繼續哭泣，陷溺在趨避衝突裡無法做選擇。成人都無法當下化解的衝突，何況是二歲的幼兒？身為母親的我最後替孩子做了決定，還是先帶他去婆家。後來他心神稍定下來，我詢問起阿嬤家有什麼玩具、什麼人，試著連結阿嬤家的記憶：

「兒子，你記得阿嬤家有誰？有阿公嗎？有安妮阿姨嗎？」兒子哭泣略微安靜下來，點點頭。

「對了，你昨天是不是在阿嬤家打鼓？」兒子在哭泣中眼睛一亮。

「阿公還買一個燈籠給你是嗎？」「是小白兔嗎？」（故意說錯，讓他可以思考、可以回答）

「不是，是猴子。」兒子糾正說。

孩子在對話下，心神清醒，眼睛轉動記憶搜尋著的他，在內心找到與阿嬤家日日安穩、愉悅的連繫，才放下幼幼班的玩具與渴望。哭累了，心神安寧後，一下子就睡著了。

這一篇彰顯了語言的神祕，以及內在資源的重要。曾經活過的記憶，成為我們的內在資源：平靜的資源、快樂的資源、幸福的資源……。兒子在阿嬤家有許多美好的記憶，那是他本來就喜歡去的地方。而當他從幼幼班離開，心裡還帶著與媽媽分離的焦慮以及幼幼班鮮活的刺激。孩子的心陷入衝突，他進入一種「情緒宣洩」的複雜狀態，這時候他口中喊的，未必是他真正最想要的。成人在這時候，無須與孩子唱反調，能開口讓孩子說「是」，是最為重要的。也就是，用語言協助孩子連結起他昔日的平靜、快樂、幸福資源。當孩子能夠回答好多個「是」，孩子的心也就進入平靜安寧狀態。原來，睡覺才是兒子當時最想要的。

概念：情緒

請參考：
【生命沉重時喚起美好】（頁195）
【連結】（頁172）
【孩子很拗】（頁210）

割捨玩具的儀式

難得見面的姪兒來我家，走時很想送他一個玩具。我跟兒子商量：「把這玩具送表哥，媽媽等一下再帶你去買一個。」那是一組對他尚嫌複雜的齒輪組合積木組。

「不要。」兒子斷然拒絕。看他護衛自己的玩具，我跟姪兒說抱歉：「姑姑下次買一個一樣的玩具，再拿到臺中給你。」於是三人一起玩玩具，大家都很開心。我用許多聆聽，支持兩個孩子互動。我心裡想，三人能夠如此同在地開心，就值得了，算是招待到姪兒；一向沒有小玩伴的兒子也得到了品質美好的同在。

後來，表哥要回家了，於是兒子站起來，開始摔玩具。

我目瞪口呆，明明大家都很開心的？

摔了幾下玩具，他說：「玩具給表哥。」

我感動地抱起他來，感動的不是他的慷慨，而是他如此照顧自己的內在衝突，又坦率又開放。我的理解是，他心裡有兩種感覺：一種是想要保留玩具，不想送給表哥；另一種是想要送給表哥。當他表達不要時我完全接納了，他心裡感受舒坦。等到大家玩得很開心，他心裡增加對表哥的喜歡，於是他決定把玩具給出去。但是他得照顧心裡割捨玩具的痛，於是他用摔玩具的方式，像是捨棄出去一般。斷了與玩具的聯繫，心裡才能放手，將玩具給出去。

兒子自發地產生這行為，他想辦法同時照顧心中的兩種聲音。這樣的孩子，讓人好喜歡。摔玩具的儀式，像不像新嫁娘離家的潑水儀式？

趨避衝突是人成長歷程裡，非得面對不可的情境。趨避衝突時，最需要的就是身邊的允許——兩邊都允許，允許他將玩具送出去，也允許他說不要。如此一來，會有最自由的心靈做決定。通常，大人會站在禮貌或道德立場，鼓勵孩子給出去。我認為，在孩子心裡已有趨避衝突的情境下，大人不適合採取立場，因為，這會使孩子少了自由的心靈為自己做決定。

當他決定順從內在不給出去的聲音，他會感覺背叛母親；當他決定聆聽內在給出去的聲音，他會以為自己是被母親所迫。如此一來，再也沒有「自主分享」的快樂了，這對孩子學習分享，也是不利的。

概念：分享
請參考：
【主體性】（頁23）
【同在】（頁169）

媽媽沒關係

母子倆下午一起看翻翻書，一翻開裡面的動物就會跳出來。兒子問：「媽媽，妳會不會怕怕裡面的青蛙？」

「媽媽不怕。」

「我也不怕青蛙。」

「媽媽，那妳會不會怕裡面的鸚鵡？」

「怕，媽媽怕。」曾經有恐鳥症的我這樣對他說。

「媽媽怕，我不怕。媽媽沒關係，我把它關起來就好了。」他蓋起書，凝視著我說。我忽然感受到被孩子照顧的感覺，那句我經常對他說的話，而今映照到我身上。

那本書從一到十，每翻開一個數字就會跳出等同數量的動物來。從他四個月開始玩那本書，到了一歲多忽然開始學會怕它，越栩栩如生的動物他越怕。我心裡想著：「嗯！孩子的認知成熟了，對世界的知覺立體了。」

後來，他開始學會不怕，越來越輕鬆看著書裡跳出來的各種動物。今天，他學會問我怕不怕，還學會照顧我的感受。啊！亂貼心的。

前一陣子，約莫一個月前，兒子開始會呈現他的內在對話，坐車想睡時他說：「想睡覺想睡覺。」然後又說：「趕快醒來趕快醒來。」行為上他就是愛睡又睡不著的樣子。原來他一邊想睡，一邊還叫醒自己呢！

孩子在我的照顧下長大，他對待自己的方式如同我對待他的樣子。當他跌倒時，他會跟自己說：「沒關係，摸摸就好了。」那就是平日我給他的對待。而這樣的關係開始變成他與別人的關係，他會對表弟說：「下車要小心喔！」猶如我對他說的一樣。他會對被蚊子飛入眼睛而想哭的我說：「媽媽，哭哭沒關係啦！」(那也是我對他說的話) 孩子的世界就這樣百般牽連與建構起來，誰想得到他與世界關係的初胚，竟是我與他最日常的對話。

這篇文章呈現了親子互動的最大定則。早年的親子互動，會形成孩子內在自我互動的模式，也奠定孩子與人互動的基礎模式。在孩子年幼時，父母與他自身是無分別的，父母就是自己，自己與父母渾然一體。所以父母如何對待他，也形成日後孩子如何對待自己；父母如何與他說話，他除了學會安慰自己的方式之外，也學會將之給出去。孩了最早的初胚，建立在日常生活父母與他們的對話；當父母的，請帶著覺知與孩子相處吧！

概念：照顧人
請參考：
【自我與人我關係】（頁9）
【聆聽感覺的雙重性】（頁134）

道別冥想1到11

這週時間好緊。自己的時間緊，與兒子相處就會少些專注，在分離時孩子就表現出抗拒。

「可是我會怕怕啊……我怕妳去工作……我怕跟妳分開。」兒子眉頭輕皺像無尾熊一樣扒在我身上說著，而我已陪他在阿嬤家樓下聽了十五分鐘的兒歌了。

協商是一來一往的過程，母子間互相禮讓的協商，是與幼兒分離時必然的基本溝通。

後來我問：「要怎樣才不會怕怕？」孩子說：「要數到11。」「在二樓數。」我心裡莞爾，這是孩子感受內在控制的儀式，由他來決定別離的時刻與地點。

他數著1，2，3……，我心裡也為自己唸著冥想詞：

「1，我準備好要接納這別離……」
「2，我會信任把孩子交託出去……」
「3，心裡感受到自己的完整……」
「4，漸漸把注意力放回自身……」
「5，感受到與孩子間的距離拉開……」
「6，與孩子間的親密換另一種方式存在……」
「7，想像孩子完整的存在……」
「8，在心裡感謝婆婆，感謝孩子……感謝自己的決心……」
「9，我感覺越來越完整，越來越信任……」
「10，在心裡道別……」
「11……」兒子跟著一起數到11，他主動說：「親親，媽媽親親。」

我在他額頭珍重道別，祝福他。這樣的別離，在我心裡是完整的。道別時這樣認真，準備好迎接未來的所有可能。

在這一篇呈現出，母親越能穩住自己的情緒，越能信任地把孩子交託出去，孩子就越容易與母親分離。請你注意我在帶領自我冥想的次序：準備好接納分離……信任地把孩子交託出去……完整地把注意力回到自己……信任孩子與婆婆的關係……帶著感謝……回到自己的完整……越來越信任……

記著這內在歷程，這是每一次分離所需要的。無論孩子多大了，要離家唸書，要出國，要結婚……，父母永遠帶著信任與祝福，感激可以讓世界擴展的機緣，並回到內在，感受自身的完整。這就是當父母的，能給予子女最大的祝福。

概念：分離
請參考：
【聆聽→表達→協商】（頁145）
【主體性】（頁23）
【美好的動詞】（頁183）

藍色的手錶

某個冷雨的下午，我和兒子一起到誠品，一進到誠品明亮的空間，兒子被SWATCH的專櫃吸引，逕自站在那兒說：「哇～好漂亮喔！」清亮的童音迴盪在人潮裡。

「媽媽，妳要不要買這個手錶啊？」他指著一個藍色的SWATCH說：「我喜歡這個藍色的。」我蹲下身子，堅定的說：「媽媽喜歡我現在的紅色手錶，不想要買。」他想了想，又大聲說：「那爸爸要不要買這個藍色的手錶啊？」我想了想，老公向來對SWATCH沒啥興趣，於是代替他回答：「爸爸也已經有手錶了，媽媽想爸爸也不會要買吧！」

於是他開心地說：「那妳買這個手錶給我好嗎？」我感到身後店員小姐的笑意，也覺得自家的孩子很可愛，抱起他走到雜誌區：「兒子，媽媽猜你很喜歡那個藍色的手錶，媽媽也覺得它很漂亮喔～現在我要去買雜誌，你要跟我過來看看嗎？」

「什麼是雜誌啊？」兒子的興趣被勾起，就忘記手錶的事情了……

一週後的某個晚上，我跟老公說起這件可愛的事。兒子在一旁聽了插嘴說：「我想要一個手錶，那個藍色的喔！」我們想了想，決定了可以給他手錶的條件。

隔天週日，我們帶他去誠品，兒子走進去，立刻精準地指出：「我喜歡這個藍色的，買給我好不好？」我們蹲下來，爸爸脫下他手上的錶，我拉住小手將錶戴上去。

「兒子，我們在想，如果你可以戴著爸爸的錶一小時都沒有想要拿下來，我們就買藍色的錶給你好不好？」

「好啊。」兒子戴著手錶，雀躍的在護城河畔奔跑著要去餵魚，一對情侶經過，他看著人家說：「你看我有手錶。」那對情侶笑了。

經過了十分鐘，兒子絲毫沒覺察到錶的存在，自然地玩著，我開始數錢，準備買錶給他。

二十分鐘後，兒子說：「我不要了，錶還給爸爸。」

我問：「那等你長大一點，你能戴錶很久的時候，我們再買那隻藍色的錶好不？」兒子開心的說好，開心地拿下手錶，說：「現在我變成小孩子了，剛剛我是爸爸。」

原來孩子喜歡的不只是錶，還有一份對父母的認同，想要成為我們。我喜歡在孩子這麼小的時候，讓他和他的慾望，有一種和諧的互動，他和他的慾望之間可以對話，可以協商，可以用自己的力量來決定。

概念：買東西的協商
請參考：
【聆聽→表達→協商】（頁145）
【回應不同階段孩子的需求】（頁39）
【需求與核心需求】（頁47）

母子協商

兒子漸漸長大，越來越多自己的想法、想像、渴望，而我也漸漸給更多的教導，不再只是當個全然回應嬰兒需求的母親，我還是個社會適應的教導者，期盼透過母子倆一次次的衝突，在機會教育中，讓兒子更加成熟。

某天中午，兒子在家裡玩小汽車，他歡樂地讓兩輛汽車追逐、相撞。我說：「出門嘍，爸爸在迴轉壽司等我們。」兒子說：「我想帶兩輛汽車去迴轉壽司玩。」我說：「不行。那兒人太多，地方太小，車子在那兒會被踩到。」兩人都還蠻堅持己見的。

後來我拿了兩輛無彈簧動力裝置的小車子要取代這兩輛。兒子還是堅持：「我要帶兩輛大的車子。」於是我問：「媽媽有說為什麼不能帶大車子，你記得嗎？」然後我重申了一次：「……而且啊，你如果在那裡玩車子，媽媽吃飯時會很緊張。」兒子聽進去了，於是他說：「那妳也替我想一想。」

我愣住了！原來我沒替他想。

我說：「不好意思，我沒替你想。那怎麼辦呢？你想玩車子，可是媽媽不要自己吃飯時緊張。有什麼好辦法呢？」

我繼續說：「我的辦法就是帶兩輛小車子。」

兒子說：「我覺得這不是個好辦法。」

我說：「那我們不要去迴轉壽司，找一家寬一點的店吃飯？」

兒子說：「我覺得這也不是個好辦法。」

我說：「那……你想一想好了，媽媽現在想不出來了，你自己想，然後告訴我。」

一會兒，兒子說：「我帶兩輛大車子去，放在桌子上。我不要碰。」

「哇～」我大聲讚嘆：「這真是個好辦法。媽媽喜歡，這樣你也可以帶車子去，我也不會緊張了。」我補充：「太好了，那你的手就可以專心用來吃壽司了。」

結果呢！兒子吃了六盤壽司（我們兩個大人一起吃了十盤），他站在沙發上邊舞蹈、邊吃壽司，充滿活力的午餐；兩輛車子變成象徵物，站在桌上靜靜說著方才的故事。吃完午餐，母子倆更親密了。

是的，很有趣的，我們母子倆的親密與信任感，透過一次又一次地各自堅持，然後互相聆聽，一起想辦法的過程中，越來越穩固了。

概念：協商
請參考：
【聆聽→表達→協商】（頁145）
【主體性】（頁23）

長大的男孩

某天我工作到晚上十點回家，兒子正愉快地玩著他的遊戲，然後主動說：「媽媽，等長針指到十一的時候，我就要去洗澡了。」然後在時間到時準時說：「好了，我現在要去洗澡了。」

到了睡前我要幫他擦護膚霜的時候，他一改平日的許多「不要」，改說「好」，然後喃喃自語地說：「說『好』事情就會很簡單，說很多『不要』事情就會變得很麻煩！」

從前不愛與人打招呼的他，現在在我回娘家時會主動笑臉迎人的大喊「姨丈」，回答姨丈問的所有問題；他還會大聲地找舅舅說話，那個舅舅是他從嬰兒時期開始，一看到就會哭的男人。他與人說話時，就如同與父母說話一樣，睜大眼睛，臉上帶著生動的表情，同時面露可愛的微笑，愉快而認真地主動參與每一個互動。上次他還史無前例的，在父母都離開的情況下，參與表兄弟姊妹的遊戲。

兒子對世界的接納性提高了，用「好」取代許多以前常說的「不要」。

當然，他的愛哭與哭的猛烈依然存在，只是次數變少了，在大哭後的不反應期❶也減短了，很快就能與我互動，並停止哭泣回答我的問題。

整體來說，這孩子多了些男子氣概，以前的軟弱轉成柔軟的向度，多了堅定以及對自己和他人的信任。

這麼神奇的好現象代表什麼意義？而它是如何發生？我們來看看幾場關鍵的親職對話。

某次，我對經常說許多「不要」的兒子說：「你說了許多『不要』，最後還是要刷牙的。倒不如跟我說『好～我要刷牙。請妳幫我刷牙好嗎？』」或是，「說『好』事情就會變得很簡單，說『不要』事情就會變得很麻煩喔！」……

我記得我總是帶著許多開心說這樣的話，對於經常說「不要」的他，沒什麼抗拒，只是提醒他說「好」的好處。

昨日在娘家，一群人一起吃飯時，我趁著飯菜尚未全上桌的空檔，想先讓兒子把東西吃完。孩子跟我說：「媽媽，我比較喜歡妳現在不要理我。」我聽見他完整的訊息，於是我放鬆了，放下讓他吃飯的企圖，先照顧自己的胃吧！過了半小時後，兒子跑來，說：「媽媽我要吃飯了。」這時刻開始，吃飯變得很順利，一下子他就吃完整碗飯與菜。

孩子自有其韻律與生命，記得在他嬰兒時，我認為自己能給出最好的就是讓他擁有一個自然的韻律；曾幾何時，我因為自己的著急，經常在時間上與他對峙。

記得他自發地跟我說：「等我四歲的時候我就不會怕怕跟妳分開，我就可

❶「不反應期」指負向情緒發生時，無法理性行動的時間。EQ越高的人，情緒協調度好，情緒的不反應期越短。

以去上學了。」於是，取巧的我在農曆年過了之後，就用臺灣人的虛歲算法，告訴他說他已經四歲了，可以去上學了。誰知後來他從阿嬤家回來說：「阿嬤說我還沒有三歲，要再過幾個月才是三歲。」後來，我只好認真跟他解釋，什麼是臺灣人的算法，什麼是美國人的算法。於是，孩子也自由地選擇何時跟人說他四歲，何時堅持他自己是三歲。當然，在上學這件事情上頭，他仍然堅持他現在只有三歲。

這孩子，許多事情上有他的自我主張，有他神祕的自我立場。在這些日子裡，許多時刻，孩子讓我感受到一種無形的尊嚴：

很久以前的深夜，他明白告訴我：「不要抱我，我會自己起來走路。」於是，從此以後半夜我無須問他要不要起來尿尿，他會自行清醒，站起來，自己到廁所尿尿。

雖然他是個很撒嬌的孩子，尤其眷戀我的懷抱，半夜若有情緒上或身體上的擾動，只要一被我抱在懷裡，就立即能平靜地熟睡。而他，一旦決定要自己站起來，就從來沒有需求半夜抱抱過。

教養自己的孩子沒有一定的準則，太鬆或太緊，要聆聽內心的聲音，才能拿捏。這不是書本能給你固定答案的。

概念：成熟的進度

請參考：

【太緊或太鬆】（頁68）

【用「要」取代「不」】（頁162）

【主體性】（頁23）

生氣計時器

底下是，幫兒子洗澡時，我們的對話。

兒子：「媽媽，為什麼人會生氣？」

我：「因為人常常以為事情可以照他想像的發生，但世界其實不是這樣。」

兒子：「那是怎樣？」

我：「有時候一樣，有時候不一樣。」

兒子：「那為什麼有些人生氣很多，有些人生氣很少？」

我：「因為每個人都不一樣，每個人在不同時候，也不一樣。」

兒子：「我的生氣很多很多。」

我：「對啊，你最近有兩次有『一大包❶』的生氣。」

我：「媽媽跟你說，其實那個叫做『挫折』。」

兒子：「什麼折？折斷的折？」

我：「對，折斷，你感覺自己的意志力，好像一下子被折斷了。」

兒子（很興奮的手比著用力折斷的動作）：「像這樣嗎？是誰折的？」

我：「通常是自己的想像，其實沒有什麼真的會被折斷，只要很柔軟。」

兒子：「那什麼挫？是戳破的戳嗎？」

我：「很像，很像本來滿心期待的氣球，一下子被戳破了，所以很挫折。」

兒子（很興奮的尖叫聲，通常他學到新詞的反應）：「挫折，挫折，我很挫折～」

我：「所以啊，下次如果你覺得生氣，你說『我很挫折』，看看有什麼不同的感覺。」

兒子最近平均一天會生氣一回，大部分的對象都是爸爸。通常是爸爸沒照他的方式陪他玩槍戰遊戲，或是爸爸用他意外的強悍方式管教他時，他會生氣。

❶ 一大包，將生氣想像成「物品」的形容用語，將情緒想像成一個物，是心理治療中「外化」的概念，讓無法掌握的情緒，變成可以用想像力操作的認知技巧。

而他們倆，在表達憤怒又維持好關係之間，也越來越熟練了。

兒子會象徵地向空中揮舞幾拳，然後跑去一個角落獨處，或跑來大聲喊「爸爸～」然後跑去角落一副氣鼓鼓的模樣。

爸爸也進步了，爸爸不會停留在自己的困惑裡，爸爸會安靜、沉思。

我會帶領照顧兒子的生氣：

兒子：「我在生氣。」

我：「氣有多大？」

兒子：「我的氣用袋子裝著，有一大包。」

我：「很好，你有個袋子耶。」

兒子：「我的袋子是用相片摺起來的，上面都是白色的，人都不見了。」

我：「嗯……」

我：「媽媽煮好你愛吃的玉米蛋，媽媽想知道，你還要多久來吃飯？」

兒子：「要四分鐘。」

我：「那我給你計時器，你來計時。」

兒子（調好計時器）：「等一下，四分鐘後我就出去吃飯了。」
四分鐘後，兒子出來吃飯。
「媽媽，我的生氣被拿去市場賣了，還要五分鐘才可以賣完。」
我：「好啊，那你自己再調計時器五分鐘。」
我忽然好奇：「是誰在賣你的生氣？」
兒子：「是妳啊～媽媽。」
五分鐘後，兒子的氣賣光了，他笑著跑去爸爸的腿上撒嬌。
第二天，兒子生爸爸的氣，這回，他只需一分鐘，生氣就賣光了。

這是我們家「計時器」的使用方式。我很少生氣，所以我只在悲傷時用……「媽媽要流淚，十分鐘後恢復。」

概念：生氣
請參考：
【情緒的名字】（頁150）

硬漢男孩的柔軟

妹妹家也有個男孩，與我們家兒子同年，只差十五天出生，兩個男孩是好朋友。有天晚上，姪子邀約兒子說：「我們來玩……」沒想到，兒子理都不理就說：「我不要。」姪子憤怒地大吼一聲，兒子沒理會，轉身找爸爸玩電腦打字去了。

還在吃飯的姪子有些適應不良，他忿忿，每隔兩分鐘，就拿了重物去敲兒子的桌子，發出「碰、碰！」好大一聲，然後說：「哼～」，接著他會頭抬高回到他媽媽身邊，繼續吃飯。

沒人理他，他繼續動作，四回合，五回合。持續觀察的我，放下電腦。柔聲問姪子：

「你一直去敲哥哥的桌子，是想跟他玩遊戲嗎？」姪子點點頭。

「那你想跟哥哥玩什麼遊戲？」當阿姨的我，溫柔而專注地問。

「我想跟他玩哭哭遊戲。」姪子認真回答。

我恍然大悟：「喔～阿姨懂了。以前你大叫一聲，哥哥就會哭哭；今天他沒有哭，你不習慣，所以你去敲桌子，想讓他哭，你要玩『你大吼，哥哥哭哭』的遊戲？」

姪子沒有回答，眼眶微紅的點頭。他有一種終於被了解的釋懷與委屈。

我說：「阿姨是他的媽媽，我跟你說，哥哥現在比較勇敢了，他不像以前那麼容易哭。你很想看他現在哭哭，對不對？」姪子繼續低頭點點頭。

「那怎麼辦呢？阿姨來想辦法好不好？」姪子很信任的說：「好。」

於是我問：「那我畫一個哭哭的哥哥給你，好不好？」姪子眼睛發亮，說：「好。」於是我拿起紙筆，畫了個張嘴大哭的男孩，姪子滿意的笑了，笑容很溫柔，彷彿找回兩人之間熟悉的腳本。

看著張嘴大哭的男孩畫像，我想起電腦裡的照片。於是我抱著姪子，讓他坐到我腿上，說：

「阿姨找哥哥哭哭的照片給你看好不好？」一張張，我打開兒子哭泣的照片，姪子認出來，身體放鬆心情愉快。

「那你現在覺得夠了沒？還要再玩哭哭的遊戲嗎？」

「不用了。」姪子肯定地回答。

當姪子情緒混亂時，我的柔聲與觸碰，能幫他連結到內在最深的無助。如同我在工作時陪伴的孩子一樣。我慢慢認識了男孩內在有些遲緩發展的溫柔與感傷，而這部分，卻是我與人連結最深之處。姪子有硬漢的衝撞能量，心裡也有細膩的柔軟情感。如何讓他既堅強又柔軟，是我樂於陪伴的。

概念：聆聽
請參考：
【聆聽】（頁130）
【孩子很拗】（頁210）

誠實與說謊

妹妹到我家，帶著三個小孩，哥哥大寶，姊姊二寶與弟弟小寶。一群小孩玩著玩著，忽然發現沙發好濕，翻開抱枕一看，一隻大水槍正漏著水。

「小寶，是你嗎？去拿抹布來擦。」妹妹問她的兒子。

「不是我，是姊姊。」小寶大聲為自己辯護。

一旁大三歲的二寶無辜地說：「不是我。」

「小寶，是你嗎？」妹妹大聲了起來。

「不是我，是姊姊。」循環繼續著，妹妹質疑自己兒子的音量也越來越大。

「是哥哥。」小寶換了個人指控。

但大寶也無辜的說：「不是我。」

我和老公看局勢不妙，開始想介入。

我說：「那有誰想要去拿抹布來擦啊～」我用一種超明亮的鼓舞手法。

「我～」小寶輕巧地大聲舉手，跑去拿抹布來了。

我的用意是，重點不在於此刻找出誰來負責，而是有誰願意幫忙清理。而此刻，無法回溯，情緒已經緊張了，要找出誰是元兇，太困難。

「那～有誰要把沙發擦乾淨啊？」「那～有誰要把抹布拿回去放啊？」……

小寶一次次地舉手，勤快地工作著。

老公用堅定而大聲的音量對小寶說話：「姨丈不喜歡小孩子說謊。」

小寶像是個被逼要說實話的小孩，一個人面對環繞的兩個大人、三個圍觀小孩，顯得很孤立。

於是我加入，決定挺小寶，我想支持他可以先與內在連結，而不是硬起來面對壓力。我伸手碰他：「小寶，阿姨想說，『你先問你心裡，剛剛發生什麼事情，你只要把知道的說出來就好，這沒有誰對誰錯，阿姨認為，說出心裡真正的聲音，比什麼都重要。那是最勇敢的。』」

老公離開了；時間有些久；小寶在思考；世界一片安靜。

身旁大小眼睛看著他。小男孩眼眶又紅了，坐在我懷裡，看著大家，他說：

「我不知道。」

「有沒有可能是你呢？」我問。

小寶再次回答：「我不知道。」

這時候二寶說話了：「那個水槍我們剛剛……誰……誰……。」二寶說了一個複雜的故事，大概的意思是指水槍很多人都動過，到底最後是誰裝水丟在沙發上，沒有人清楚。

這時小寶就哭了，我說：「來，阿姨抱抱好不好。」

男孩站著抱我，頭枕在我肩膀，心情一下子平靜下來。

我說：「要不要給媽媽抱？」他點頭，到媽媽懷裡時，蜷曲著像個小小孩，身體超級柔軟。他媽媽安靜地擁抱兒子。群眾目光散開了，世界又恢復流動。

我以為誠實與說謊，不是白與黑的相對，而只是人際因緣下，一種內在堅定與軟弱的混合選擇。支持孩子說出真相，得給孩子支持的人際環境，而在高張力下使用「說謊」的名詞，則反讓孩子與「說謊」結下不解之結。

每個人心裡都有貪安、怕麻煩與想要被喜歡的本性，每個人心裡也都有想要內外一致，一種磊落的堅定。孩子會習慣選擇哪邊站？端看當他是個小小孩時，對於能繼續被愛的信心有多少。

在陪小寶的過程中，我使用最多的依然是親職裡最基本動作：【聆聽】。無論是外柔內剛的兒子，或外硬內柔的小寶，透過真誠聆聽的回應，孩子都找到了柔軟與勇敢。

概念：誠實與說謊

請參考：
【聆聽】（頁130）
【用「要」取代「不」】（頁162）

贏爸爸

「媽媽，要怎麼樣才能贏爸爸呢？妳教我。」兒子睜著大大的眼睛，定定地問我。我凝視這雙清澈的雙眸，裡頭沒有慾望、沒有匱乏，有的是一種意志力，一種率直地堅定。

兒子需要贏爸爸，好像是千年來父子關係的議題。只是沒想到，這個三歲半的兒子，竟如此簡明直接地詢問。他信任我，相信能從這兒要到一個努力的方向。我想了解，孩子想要贏父親的背後，真正的需求是什麼？回想起：

凌晨，黎明的光灑入房間時，老公關了房間夜燈。兒子喊著：「為什麼要關掉，我不要。」我說：「媽媽覺得這樣好舒服，每天都這樣的啊。」

小人兒說：「我不要，我要打開。」我說：「兒子，如果你喜歡，那你去打開，媽媽不會反對的。」小人兒安然，很快又睡著了。他要的不是燈開或不開，而是一種屬於自己的權力。

這孩子走到一個權力需求的發展階段，生活裡許多事情的溝通協調，都牽涉到他的權力意志能否被尊重與彰顯。而我，自小到大權力需求超滿足的成人，很少與他掉入權力鬥爭裡，小人兒在我這兒，也是很順利地就找到雙方互相尊重的安穩關係。

那天睡前兒子與爸爸的競爭開始時，故意撞了爸爸的鼻子。老公很痛之餘，告訴我他的傷心。說完大男人不吭聲，即使我溫柔陪伴，也難掩他身為父親的失望，他說，那是屬於老男人的集體辛酸。

隔天我問小人兒，記不記得撞爸爸鼻子這件事情。小人兒說：「記得，我故意的。」「我看阿姨打表弟，感覺很好。我學她的。」孩子說時有一種天真者的樂觀，嚮往一個強者的世界。

這樣的狀況，對家中身為女性的我，感到難以理解且有些厭煩，但兩個男人似乎無意改變，經常上演。我不禁自問：

當我參與其中，能負起的責任（影響力）是什麼？

是大男人最近性需求不滿足轉移到權力競爭？

是小男人在平日的生活裡過少挑戰意志的遊戲，這是他的自然需求？

覺察到這裡，我意識到自己對權力競爭的不耐煩。那我的性需求滿足嗎？我的生活是否充滿挑戰？……

家人之間總是有股神祕的互動，需求的平衡流動來流動去。

我肯定父子競爭在此尚屬良性範圍，這有益於孩子男子氣概與意志力的發展，困擾在於自己的不耐煩。我也肯定權力、性、挑戰……與愛，是人性裡，重要的動力與能量。

我得到的結論是，無須對父子倆的競爭反感，若我不適應，我能回歸中心照顧自己。重要的是，我得為自己需求的平衡負起責任。我相信，當我越平衡時，就越能支持他們倆為自己的需求負起責任。

概念：父子關係
請參考：
【需求與核心需求】（頁47）

給撞牆的孩子

幾年前，在進行親職工作的時候，學員提出了一個例子，那就是她的孩子功課寫不出來時，會用頭撞牆的方式宣洩，還有孩子堅持在週日一定要玩三小時電動。這例子讓我想起最近社會新聞裡，因父母禁止玩網路遊戲而自殺的高材生。

多年前，我曾為那母親代筆，寫了封信給那撞牆的孩子。請參考看看。

孩子，看到你撞牆，還有堅持得在週日玩三個小時電動的決心，我感受到你的內心真的悶壞了。一種企圖讓自己抒解壓力的決心，表現出無比堅強的意志力。

媽媽只是心疼你，在學校的課業下承受這麼多壓力，而困住了。

媽媽這裡有些建議，例如：

抒解壓力的方法選項有好多，撞牆與玩三小時電動，或撕作業簿宣洩都是。假日出去玩玩也不錯喔！

若直接從功課下手，也有好多方法，例如：(1)跟老師商量，作業減少；(2)找人陪你做功課，讓你輕鬆就學會思考；(3)硬著頭皮不寫，有什麼處罰就自己扛了；(4)轉學，找一所可能不寫功課的學校……（也許你比我更有創意）

媽媽希望能增加你生活裡真正的快樂。目前你生活裡的快樂是玩電動，若我們能再增加一項，不只給你快樂，還能給你成就感，也許你整個壓力會變得比較小，我猜還可以：(1)去學打拳；(2)去游泳；(3)要爸爸騎摩托車帶你出去兜兜風……

其實，媽媽最在意的就是你活著，下一步就是能學會活得快樂健康。

功課只是學生階段的一個關卡，不是什麼大不了的。重點是你怎麼看自己。功課不會寫，寫不完，並不代表人生的失敗或成功，只是代表在功課這一項，出了點狀況。可能是你還學不會喜歡，或思考功課的價值，或可能是出功課的人，還不夠了解你的專長與需要……

媽媽認為，功課寫不出來就只代表這些，沒別的意義。
而你撞牆，代表了你用一種傷害自己身體的方式來照顧自己的情緒，這反倒是媽媽在乎的。它代表了你有走投無路的感覺啦！
若你需要協助，請告訴我。
若你不要我干涉，即使是撞牆也不要管你，也請跟我說。
媽媽也會練習有自己的彈性的。

概念：保持信任
請參考：
【孩子有困難】（頁219）
【孩子很拗】（頁210）
【聆聽】（頁130）

兩個孩子，兩種學習

那日女兒說要揹小背包出門，她揹起來可愛極了。揹了還不算，她出門揹，回家揹，即使睡著了，她也哭著說要揹包包（一歲半的她嘴裡說：「包」）。終於等到她睡著了，想要睡得舒服的我，極輕巧地試著「偷偷」拿下背包，沒想到被她發現，她醒來，大哭，狂哭，哭到幾近失控。後來她又睡著，揹著包包，滿頭亂髮，吃著奶嘴，十足嬌縱女孩的滑稽模樣。她從下午四點開始揹包包，直到晚上九點半，她說：「夠了。」然後要我幫她拿下來。

我看著熟睡的她，心裡笑了，笑得很深；因為，我也看見自己，嬌縱女孩的童年。原來我骨子裡也如同女兒一樣，是個堅持自我的嬌縱女孩；我慢慢學會放棄嬌縱，學習獨立成熟，給自己愛，然後愛別人！

看著這樣的女兒，心裡很感謝宇宙，將這樣的樣貌送回我身邊，讓我學會如何與一個嬌縱的可愛女孩相處。女兒的陰影面正是我童年最底層的樣貌，多年來又與自己重逢，心裡對父母有無限的感念與謝恩。

這樣的女兒的光明面是，說：「還要」。她對生命的大小新鮮事都是敞開的：洗澡時不小心水沖到她的臉，她興奮極了，說：「還要」；畫畫時彩色筆畫到手，她開心地打開手掌，說：「還要」；不小心打翻水，她開心地去拿抹布擦擦，然後繼續將水倒到地上說：「還要」；哥哥刷牙，她也要；哥哥剪指甲，她也要；哥哥用筷子，她也要。

讓人讚嘆也傷腦筋啊！

記得兒子與女兒同樣大時，我教他畫畫。我畫地板，然後跟他說：「不行。」他就從此沒畫過地板，他的小手被畫筆畫到的次數，也少於個位數。兒子怕水，洗澡與刷牙，花了我們好多時間等待他說：「好」。兒子念舊，他不愛新玩具，不要新鞋子，新衣服要等好多天才穿。

這樣的兒子貼心、敏感、退縮；除了媽媽、爸爸、阿嬤以外，從很小開始，就不讓別人抱，直到最近，他才有更多敞開，擁有接觸陌生人的勇氣。

然後，慢慢地，不知是受了妹妹的啟發還是什麼，將近五歲半的時候，他開始迷上在牆壁寫字，家裡許多牆壁有他的簽名。他的頑皮慢慢長出來。

女兒說「還要」，那兒子說的就是「不要」，在食物上最能呈現出對比：女兒什麼都要吃，兒子則有很多都不吃。「對食物不要」是兒子的陰影，其實還蠻像老公當年，不愛吃食的讀書小孩。

兒子記住我說過的每一句話，他愛我也容易順從我，我要學習的是，如何放手，如何鼓舞他突破界限，不遵守規矩……，這些是我的陰影，兒子的乖巧順從像我，我得意識到自己後來如何學會不遵守規矩，在兒子小的時候，就傳遞給他，如何真的忠於自己，並勇於挑戰外在界限。

我感謝宇宙送兒子到我身邊，為了陪他長大，我得學會好多自己還未學會的，我衷心地，帶著感恩，接下這份挑戰與祝福。

概念：自我照顧

請參考：
【期待、投射與陰影】（頁14）
【讚嘆】（頁187）

附錄：親子互動卡使用說明

我始終相信困境背後，有意識無法覺察的習性與模式。因此，當遇到親職困境時，如果只是用理性來挑選可能有幫助的章節閱讀，這方法有可能在回到書本之外的現實生活時，還陷溺在習性與行為模式之內，看不到自己真正需要的。

因此，本書設計了將書的每個章節，用一張小卡片來取代的方式（請參見書末附卡），讓讀者使用直覺力來挑選閱讀章節，感受文字與我們相應合的能量，並真實處理親子互動的困境。

卡片的使用方式為：回到呼吸的覺知與放鬆，將卡片攤開，用左手摸一張牌，依照卡片上的頁碼，翻開書本閱讀。參悟看看，書本與現實困境，如何結合。

在抽牌前，將親子困境具體化：

*孩子很愛哭，在我的努力下他有些改善。我能如何支持他呢？

*孩子未婚懷孕，請給我三張卡，協助我通過這一個考驗。讓我能給予孩子最平衡的力量與支持。

若你無法參悟，就再抽一張吧！直到領悟為止。還可以要求第二、第三張卡，支持力量會越來越完整。

若你抽到「超越本書」的卡片，表示你的困難，非本書範圍所及，請你繼續探索與尋找。祝福你們，帶著愛使用本卡，感受到愉快與智慧之光。

【LIFE系列】

幸福在我之內

王理書／著

再也不會不幸福了，
因為，我已從無常的外境浮沉中穩住，
轉向內在永恆的幸福之光。

幸福，是人生中重要的追尋目標，但幸福到底在哪裡呢？幸福很遙遠嗎？每個人都能夠擁有幸福嗎？作者依據多年來心理諮商、心靈修行、工作坊的經驗，剖析現代人追尋幸福的盲點，藉由實際案例與自己的親身經歷，帶領讀者從承認、看見、相遇、實踐愛的步驟中，看到幸福的可能。本書是深遠細膩的幸福修行，能賦予心靈能量，啟動幸福的開關，幫助您深入內在創傷，找回愛與和平。

【LIFE系列】

陪孩子走出情緒障礙

臧汝芬／著

您對孩子的情緒問題束手無策嗎？
只要有正確的治療與管教，
情緒障礙兒也能快樂長大！

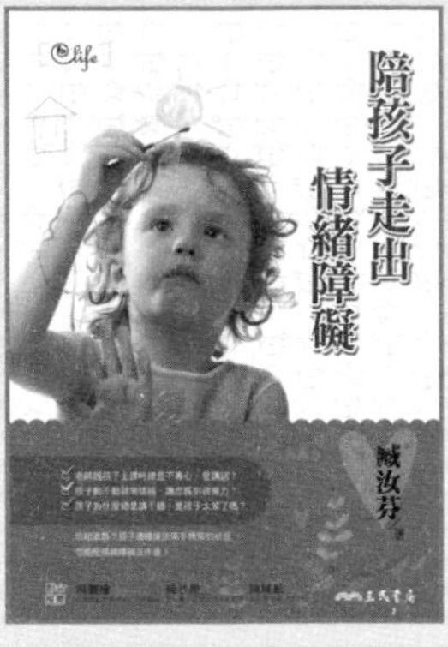

什麼是情緒障礙？孩子有情緒障礙該怎麼辦？父母又應該扮演什麼樣的角色呢？本書作者依據多年來在兒童心智科的專業看診經驗，以淺顯易懂的文字與案例，帶領父母認識兒童的情緒障礙。書中不僅分析各種情緒障礙兒童常見的症狀，並提供指引與建議，讓父母能及時掌握孩子的情緒問題，引導孩子表達和管理自己的情緒。對於為人父母與教育工作者而言，本書絕對值得一讀！

【養生智慧叢書】

救救熟齡肌！

趙昭明／著

國內第一本專為熟齡肌設計的皮膚保健寶典！
空氣汙染、黑心食品、過勞加班……
我們的身體被惡劣的環境與生活習慣一點一點傷害，
並透過皮膚發出求救訊號，你聽見了嗎？

皮膚是人體最大的組織，是抵抗病毒、細菌與紫外線等「外患」的第一道防線；當體內免疫、內分泌等功能出了問題，皮膚往往也是第一個通報「內憂」的警報器。所以千萬別輕忽搔癢感、長斑、體味、掉髮等症狀，因為你的皮膚可能出了大問題！另外要提醒的是，年輕人也可能提早面臨「熟齡危肌」！因為環境毒素、不正常的生活作息與飲食習慣，會加速皮膚老化，甚至引起病變，所以從年輕人到老年人，都要為皮膚做好「老年規劃」，才能延緩皮膚老化，成功預防皮膚疾病。

【養生智慧叢書】

找回睡眠力：銀髮族睡眠寶典

陳錫中／著

身體漸老但心靈年輕，唯有優質睡眠才能辦得到。
失眠不是銀髮族的宿命，只要觀念正確、用對方法，
人人都能找回睡眠力！

長輩為什麼淺眠多夢？午覺如何睡得巧？如何吃出好眠？如何破除身體疾病和失眠的惡性循環？長者睡夢中大喊大叫是怎麼回事？如何不吃藥得好眠？如何不被安眠藥綁架？
失眠，可能是增齡的自然現象，也可能是需要治療的病症！睡眠醫學專家陳錫中醫師，用樸實、輕鬆但深具學理的方式，介紹年長者睡眠的變化，並提醒各種睡眠問題應該就診的關鍵。本書引用本土的研究資料，內容貼近臺灣銀髮族的需求，兼顧醫學科普知識與實用資訊，幫助長輩健眠增能，找回睡眠力！

親子互動卡

請沿線將每張卡片剪下。可以使用護貝，也可以請影印店用紙質更厚的卡紙幫忙影印，將更利於收藏本套卡片。

平　靜 089

留意平靜與不平靜的身體線索，於是你能在失去平靜的最初，調整自己，回到平靜之所在。

回歸中心 091

讓你的第一注意力放在身體的寧靜柔軟中心。讓所有重要的行動，皆由此處出發。

釋　放 096

在卡住時保持覺察，用敲擊穴道與自我肯定釋放情緒；然後轉換讓自己受限制的詮釋觀點。

語　氣 102

在發生非預期的事情時輕鬆地「哈哈」，用「噓」釋放憤怒、用「嘶」釋放悲傷、驚喜時「哇嗚」出來。

生　氣 106

生氣反映了內在的挫折。在生氣時暫停，回到自我照顧，只有平靜愉快時才管教孩子。

擔　憂 109

留意你的擔憂，別讓它困住你的愛。若行動無法減低你的擔憂，你可以考慮釋放或祈禱之。

失　落 112

無覺察的小失落會耗損活力，帶著覺察給予愛與接納。讓生活恢復活力，行動產生力量。

請求祝福 116

在生活中說感謝，對困難祈請祝福，越具體越好，請求光的本質：例如愛、信心與力量。

愛的序位 003

留在父母的位置，讓孩子留在孩子的位置；父母邀請表達與整合作決定，孩子跟隨。

父母，修行之路 006

跳脫俗世的觀點看待親職困境，沒有犯錯或不夠好，就是更精進的學習。問問自己要學的是什麼？

自我與人我關係 009

檢視親職上困頓的部分，孩子的行為勾引出自己內在的哪一塊尚未被整合之處？

期待、投射與陰影 014

當期待與孩子的表現落差過大，父母需覺察自己的投射：需求、恐懼或年輕未了的夢？

親子互動卡

親子互動卡

親子互動卡

親子互動卡

親子互動卡

親子互動卡

親子互動卡

親子互動卡

親子互動卡

親子互動卡

親子互動卡

親子互動卡

如果你想要隨身攜帶本卡，可將每張卡片打洞串成一套卡，那麼，這套卡片在使用上就更為便利了！

支持與教養 019

支持孩子的行為，用平靜與不批判來支持，在需要教養處，提供孩子具體的界限與方向。

主體性 023

表達自己的需求和立場，聆聽並尊重孩子，視孩子為一完整靈魂，人格正在發展中。

紀律與規範 028

反思給予孩子的紀律與規範，是為了維護社會形象，還是維護其真實完整的力量？

選擇與責任 034

給孩子選擇，然後尊重他的作法，不阻擋他受苦，不替他承擔，支持孩子承擔、學習與力量。

發展與回應 039

給孩子多少照顧？給孩子多少要求與承擔？得貼心敏察地順隨孩子的發展與能力。

需求與核心需求 047

偏差行為是為了滿足基本需求的錯誤方向，知其需求，不回應錯誤行為，在生活中給予。

行為法則的運用 052

不刻意用行為法則控制孩子，留意日常生活裡無意識的增強或削弱，帶著覺知並審慎運用。

邏輯結果法則 056

人際牽動，行為與世界的關連，教導孩子意識並重視此因果邏輯互動。

條件式關愛 060

用「聆聽、表達、協商」來取代「如果你……我就……」的管教。溝通傳遞愛，而非恐懼。

太緊或太鬆 068

太緊讓孩子壓抑與扭曲，太鬆讓孩了粗野而無禮。在鬆與緊之間使用覺知與創造力來平衡。

多元教養風格 072

不同照顧者間有價值觀或風格差異，重要的不是一致，而是彼此尊重，信任有更大的框架。

回歸本質 074

專注地與孩子共同融入此時此刻的生活，無論如何都珍惜和喜悅。專注放鬆，融入當下。

親子互動卡

親子互動卡

親子互動卡

親子互動卡

親子互動卡

親子互動卡

親子互動卡

親子互動卡

親子互動卡

親子互動卡

親子互動卡

親子互動卡

若你有更棒的創意，也可以仿照本套卡片，製作屬於自己獨一無二的卡片。

說謝謝[082]

帶著感謝的心活著。用真誠的語言，表達心中的謝意，於是孩子學會珍惜與感受美好。

碰→恰→恰[125]

碰→恰→恰，用一種韻律，讓溝通回到具有人味、有平靜力量的連結。

聆　聽[130]

聆聽是有覺知的給予，父母以反映來回應孩子。聆聽讓孩子有存在感，讓父母了解孩子。

聆聽雙重情緒[134]

孩子受困於內在衝突，父母以聆聽能幫忙釐清：「你是不是一方面……，另一方面又……？」

確　認[136]

獨白或長篇大論讓孩子難以親近。用段句加上確認，讓溝通紮實前進。

真誠表達[141]

回歸中心後，與孩子分享內心的感受，正向與負向都一樣深刻。事情在關係中通透。

聆聽→表達→協商[145]

聆聽孩子需求，表達自身需求與立場，兩人共同協商：「我們倆一同想想有什麼好辦法呢？」

情緒的名字[150]

能辨識情緒的名字，等於用意識與情緒能量連結，感性與理性皆是內在力量。

往內走[155]

使用聆聽往內走。從外在事物到內在感官經驗。找出信念、情緒、需求……，選擇更自主了。

用要取代不要[162]

對孩子說「要……」比「不要……」有影響力。鼓舞孩子朝向可行的方向前進。

同　在[169]

在一起時專注，看見孩子的「人」（而不只是問題或期待）；感受他的感受，並表達自己。

連　結[172]

使用碰→恰→恰，使用聆聽與同在，讓心與孩子的心觸碰在一起，於是會形成兩人的契合感。

親子互動卡

親子互動卡
親子互動卡
親子互動卡
親子互動卡
親子互動卡
親子互動卡
親子互動卡
親子互動卡
親子互動卡
親子互動卡
親子互動卡

祝福你，帶著愛使用本卡，感受到愉快與智慧之光。歡迎把愛傳出去，分享給更多的父母們。

溫柔觸摸[192]

無企圖的溫柔觸摸帶來契合與同在，在有連結的關係下，孩子容易感受到愛。

鼓　勵[180]

帶著信任，鼓勵已經存在的事實；說出鼓舞的話語；讓未來的光亮敞開。

美好動詞[183]

愛、欣賞、喜歡、讚賞、看見、了解、感動、同在……。使用這些帶來美好的動詞，簡短地說話。

讚　嘆[187]

打開眼睛，回歸中心，即使是困難的狀況，也有值得讚嘆之處。讚嘆，回到正向心念與力量。

喚起美好[195]

使用具體的感官用詞，回憶已存在的美好記憶。把內在的正向情感喚醒。

引發正向[198]

萬事萬物同時都有正與負向的因子。如何看見正向，引發正向，是每個當下的選擇。

孩子哭[203]

不在孩子哭的時候答應孩子事情，哭時就是陪伴。平靜後再一起協商。

孩子彆拗[210]

孩子拗常是有趨避衝突，無法抉擇時，父母得回歸中心，給出空間，孩子自然會平靜。

孩子固執[213]

固執就是內外人際關係都僵住了。使用聆聽，以及喚起美好，可以促進敞開與接觸。

孩子失控[216]

孩子失控，父母需要釋放，釋放自己的批判與需求，協助孩子釋放情緒。

孩子有困難[219]

孩子的困難反映出生活或與內在的聯繫，失去了平衡。檢視一下價值觀、生活，以及選擇。

超越本書

你的情境，需要從這本書以外的地方尋找答案。

親子互動卡

親子互動卡

親子互動卡

親子互動卡

親子互動卡

親子互動卡

親子互動卡

親子互動卡

親子互動卡

親子互動卡

親子互動卡

親子互動卡